总体国家安全观下
国家安全保障国际法研究系列

张晓君 总主编

国际法
中国公民海外
安全研究

宋云博 等 著

法律出版社 LAW PRESS·CHINA
——北京——

图书在版编目(CIP)数据

国际法中国公民海外安全研究／宋云博等著. -- 北京：法律出版社，2023
（总体国家安全观下国家安全保障国际法研究系列／张晓君总主编）
ISBN 978－7－5197－7438－7

Ⅰ. ①国… Ⅱ. ①宋… Ⅲ. ①国际法－研究 Ⅳ. ①D99

中国版本图书馆 CIP 数据核字(2022)第 241450 号

国际法中国公民海外安全研究
GUOJIFA ZHONGGUO GONGMIN HAIWAI ANQUAN YANJIU

宋云博 等著

策划编辑 陈 妮
责任编辑 陈 妮 王 鸿
装帧设计 鲍龙卉

出版发行 法律出版社
编辑统筹 法治与经济出版分社
责任校对 张翼羽
责任印制 吕亚莉
经 销 新华书店

开本 710 毫米×1000 毫米 1/16
印张 12 **字数** 197 千
版本 2023 年 5 月第 1 版
印次 2023 年 5 月第 1 次印刷
印刷 固安华明印业有限公司

地址:北京市丰台区莲花池西里 7 号(100073)
网址:www. lawpress. com. cn
投稿邮箱:info@ lawpress. com. cn
举报盗版邮箱:jbwq@ lawpress. com. cn
销售电话:010－83938349
客服电话:010－83938350
咨询电话:010－63939796

书号:ISBN 978－7－5197－7438－7
定价:78.00 元
凡购买本社图书,如有印装错误,我社负责退换。电话:010－83938349

张晓君

教授、国际法与国家安全学双博士研究生导师。西南政法大学国际法学院院长、区域国别学院院长、国家级涉外法治研究基地东盟法治研究院执行院长、中国-东盟法律研究中心秘书长、海外利益保护研究中心主任。司法部国际法咨询委员会专家，入选司法部全国千名涉外律师领军人才库、中国国际经济贸易仲裁委员会仲裁员、中国海事仲裁委员会仲裁员。教育部哲学社会科学重大攻关课题“对‘一带一路’沿线国家投资风险监测预警体系研究”首席专家。

作者简介

宋云博

法学博士、博士后。西南政法大学国际法学院教授，副院长，首批“国家级涉外法治研究基地”中国-东盟法律研究中心（区域国别学院）研究员、副秘书长。

主要从事“一带一路”区域与国别经贸投资法、涉外法治和海外利益保护规则理论与实践的研究。发表论文40余篇，出版著作6部，主持国家级、省部级项目8项，被采纳智库报告20余篇。

总　序

党的二十大报告首次以专章对新时代新征程国家安全工作作出战略部署，明确指出“国家安全是民族复兴的根基，社会稳定是国家强盛的前提”，强调“必须坚定不移贯彻总体国家安全观，把维护国家安全贯穿党和国家工作各方面全过程，确保国家安全和社会稳定”，这充分彰显国家安全在党和国家工作全局中的重要性。党的二十大报告指出：“我们要坚持以人民安全为宗旨、以政治安全为根本、以经济安全为基础、以军事科技文化社会安全为保障、以促进国际安全为依托，统筹外部安全和内部安全、国土安全和国民安全、传统安全和非传统安全、自身安全和共同安全，统筹维护和塑造国家安全，夯实国家安全和社会稳定基层基础，完善参与全球安全治理机制，建设更高水平的平安中国，以新安全格局保障新发展格局。”这一系列关于总体国家安全观核心要义的新表述，体现了中国特色国家安全的理论创新，是习近平新时代中国特色社会主义思想的新发展，为总体国家安全观理论研究进一步指明方向。

当前,世界之变、时代之变、历史之变正以前所未有的方式展开,百年变局加速演进,大国博弈日趋激烈,地缘冲突不断加剧,国际局势不稳定性、不确定性增加,传统安全与非传统安全交织,新型安全挑战层出不穷。坚持统筹中华民族伟大复兴战略全局与世界百年未有之大变局、从战略层面维护国家安全,需要充分发挥国际法的保障作用。

宏观来看,首先,推动树立共同、综合、合作、可持续的新安全观,应当提倡国家主权平等原则,强调世界各国既有平等参与全球安全治理的权利,也有共同维护国际安全的责任;其次,维护世界和平和地区稳定,应当重申禁止使用武力或以武力相威胁原则、和平解决国际争端原则,支持联合国安理会集体安全机制的核心作用,推动安全危机政治解决;再次,统筹传统安全和非传统安全,应当坚持可持续发展原则,以发展促安全,消除危机的根源,筑牢安全的基础;最后,加强全球安全治理,应当坚持国际合作原则,秉持安全不可分割,重视彼此合理安全关切,构建均衡、有效、可持续的安全架构。

本丛书以总体国家安全观为指导,锚定国家安全主要领域,追根溯源、统分结合,全面系统梳理相关国际法规制体系,从而推动建立系统完备、科学规范、运行有效的国家安全制度体系,具体包括国家海洋安全、国家生态安全、国家核安全、国家贸易安全、国家数据安全、国家金融安全、国家海外投资利益、中国公民海外利益和国家军事安全的国际法研究。

西南政法大学国际法学院院长、中国－东盟法律研究中心秘书长张晓君教授作为总主编,负责统筹丛书,丛书各系列专题分册由各领域专家学者撰写。作者长期从事国家安全领域各相关国际法问题研究,积累了一定的研究成果,并承担与国家安全法律制度相关的国家级及省部级课题,有较好的学术功底及研究能力。

"总体国家安全观下国家安全保障国际法研究系列"丛书有望通过系统性、基础性及前瞻性研究,弥补当前研究碎片化的不足。丛书的编写与出版有助于完善与时代相适应的国家安全法律体系,并对我国充分发挥国际法治功能以服务于贯彻落实总体国家安全观具有重要意义。本丛书既可作为政府机关立法及制定政策的参考资料，也可作为高等教育研究机构的法学及国家安全学的教材与理论研究素材。

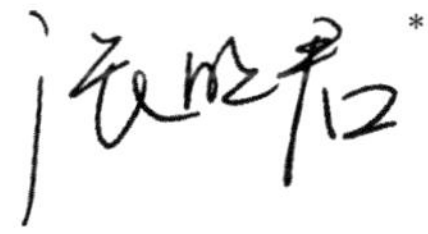*

2021 年 1 月

2023 年 5 月修订

---

* 张晓君，西南政法大学国际法学院院长、区域国别学院院长，教授、博士生导师，中国－东盟法律研究中心秘书长。

国家机构名称缩略表

全称	简称
全国人民代表大会常务委员会	全国人大常委会
联合国人权委员会	人权委员会
国有资产监督管理委员会	国资委
国家发展和改革委员会	国家发展改革委
国家安全生产监督管理总局	原安全监管总局
中华全国工商业联合会	全国工商联

目　录

绪　论

当今世界正处于百年未有之大变局，国际社会中单边主义、保护主义、霸凌行径愈演愈烈，治理赤字[1]、信任赤字、发展赤字、和平赤字有增无减。[2] 古今中外，法律作为正义的化身，昭雪了无数冤屈，以“权利保障书”的方式带给了人类社会无限希望；法律作为公平的标尺，衡量出无数不公，以“国家强制力保障实施”的方式赋予了人生而平等的地位。[3] 2021 年 11 月 11 日，中国共产党第十九届中央委员会第六次全体会议审议通过的《中共中央关于党的百年奋斗重大成就和历史经验的决

---

① 自 1989 年世界银行首次使用“治理危机”一词并于 1992 年起将年度报告称为《治理与发展》，之后“治理”(governance)和“善治”(good governance)便成为国际社会科学中最时髦的术语之一，也成为许多学科领域中的最新研究范畴。参见俞可平主编：《治理与善治》，社会科学文献出版社 2000 年版，第 103 页。

② 习近平：《守望相助共克疫情　携手同心推进合作——在金砖国家领导人第十二次会晤上的讲话》，载《人民日报》2020 年 11 月 18 日，第 2 版。

③ 张文显：《法治与国家治理现代化》，载《中国法学》2014 年第 4 期。

议》[①]写明:“习近平新时代中国特色社会主义思想是当代中国马克思主义、二十一世纪马克思主义,是中华文化和中国精神的时代精华,实现了马克思主义中国化新的飞跃。”[②]这其中自然就包含了当代中国参与、推进和引领提升全球治理体系与治理能力的“法治”与“德治”思想理论、规则原则和实践方案。[③] 2022 年 10 月 16 日,习近平总书记在中国共产党第二十次全国代表大会上作了《高举中国特色社会主义伟大旗帜 为全面建设社会主义现代化国家而团结奋斗》报告并指出:“中国式现代化的本质要求是……推动构建人类命运共同体,创造人类文明新形态。”“我们全面推进中国特色大国外交,推动构建人类命运共同体,坚定维护国际公平正义,倡导践行真正的多边主义,旗帜鲜明反对一切霸权主义和强权政治,毫不动摇反对任何单边主义、保护主义、霸凌行径。我们完善外交总体布局,积极建设覆盖全球的伙伴关系网络,推动构建新型国际关系。我们展现负责任大国担当,积极参与全球治理体系改革和建设,全面开展抗击新冠肺炎疫情国际合作,赢得广泛国际赞誉,我国国际影响力、感召力、塑造力显著提升。”这些宝贵的精神财富和道德情怀,对于倡导世界各国共同肩负建构人类命运共同体的使命担当、唤醒全人类共同应对全球治理所面临的困境与危机、促进全人类和平共处与全面自由发展等基本面向具有正确性、基础性和先导性的引领建构作用。

但值得注意的是,在全球治理实践和国际法治体系中,由于国际法规则自身存在一些滞后、漏洞、空白和语言文化差异等客观不足,加之作为立法者、执法者、司法者和守法者,有些西方大国存在“殖民主义思维”“西方文明优越论”“本国优先主义”等,打着“维护国家安全利益”“保护人权”等旗号,在国际规则机制体系中运用所谓的“法律技巧”,使全球治理体系中大量存在“非正义规则”的现象,如压迫弱小国家签订“不平等条约”、美国法上的“长臂管辖”等行为。鉴古而知今,

① 作为中国共产党百年历史进程中的“第三个重大决议”,其重点总结了新时代党和国家事业取得的历史性成就、发生的历史性变革和积累的新鲜经验,融汇了百年来中国共产党践行为中国人民谋幸福、为中华民族谋复兴的初心使命所进行的奋斗、牺牲和创造。

② 《中共中央关于党的百年奋斗重大成就和历史经验的决议》,人民出版社 2021 年版,第 26 页。

③ 参见李兰芬:《德治与法治结合的科学精神》,载《马克思主义研究》2003 年第 1 期。

顾往而知来，对近现代全球治理体系中存在的强权政治、霸凌行径和包括“基于规则的国际秩序”在内的所谓“西方经验模式”等进行反思与批判，促进世界各国人民对其的深刻认识、自主觉醒和共同防控，也应是建构更加公平合理国际新秩序与人类命运共同体的应有之义。

当下国际关系局势正在发生深刻变化，国际法治规则体系也面临不少问题和挑战。如何更好地营造我国良好的外部发展环境，推动构建人类命运共同体，维护国家、企业和公民海外合法权益是我国目前面临的重要课题之一。近年来，随着全球化进程加速演进，各国越来越多的公民参与到国际经贸投资和人文交流活动中，因而随之而来的是越来越多侵害公民海外安全权益案件的发生，各国公民海外安全权益的保护逐渐成为国际社会高度关注和重视的热点问题之一。各国公民海外安全权益保护也呈现多维度的复杂性，而现行国际保护机制已暴露出其应对的弊端和局限性。故此，包括美国、英国、日本、以色列等在内的越来越多的国家建立了本国公民海外安全保护体系。中国作为世界上最大的发展中国家，成为140余个国家和地区的主要贸易伙伴，货物贸易总额居世界第一，吸引外资和对外投资居世界前列，倡导共建“一带一路”成为深受欢迎的国际公共产品和国际合作平台，形成更大范围、更宽领域、更深层次对外开放格局，也拥有分布广泛、数量庞大的海外公民和资产利益。为此，中国积极参与全球治理体系改革和发展，为全球公民海外安全权益保护贡献中国智慧，是构建人类命运共同体的题中应有之义，也是我国作为负责任大国的必然选择。

目前来看，中国公民海外安全权益保障的法律法规有待进一步完善。我国暂无专门的中国公民海外安全权益保护立法，相关法律法规依据主要包括宪法、国籍法、民法典、刑法、诉讼法、海商法、涉外民事关系法律适用法等法律中的有关条款，以及各有关部门制定法规的个别条文和其他规范性文件。这使中国公民海外安全权益受侵害需寻求保护时，暂时会面临无基本法可依的局面。对此，国家外交部等有关部门正在起草有关加强海外领事保护的条例草案等法律规范文件。但从法治系统论来看，这些措施对于“一带一路”背景下全面系统保护中国公民海外安全权益而言，只能是局部和有限的法制供给。从国际法来看，我国加入的相关国际条约公约等数量有限,且并未加入有些涉及海外公民权益保护的重要国际条约,有些虽已签署加入但全国人大尚未正式批准。截至2022年10月,我国仅与40多个国家签订了双边领事条约,但境外中国公民所在国已由以东南亚国家为主(曾占海外华人华侨总数80%以上)发展到190多个国家地区。可见,双边领事条约的数目和保护力度与中国公民分布国家地区的数目存在一定差距。从外国立法来看,居留国当地立法机关少有对中国公民安全权益保护的法律制度,甚至有一些歧视、无视华人权益的立法和执法,致使境外华人华侨在权益受侵害时投诉无门。这些都直接影响中国公民海外安全权益的保护。

据调研统计,国内外学者虽有关于外交保护、领事保护、应急保护机制等相关专门著述,但尚未发现有关于中国公民海外安全权益保护的全面而系统的研究成果,也未有深入论证该领域法制供给与国内其他法律法规之间如何无缝衔接、与现行国际原则规则(如主权原则、人权规范)如何协调融通、如何法治化系统建构全社会(如境外公民、华侨保护、保安服务、社会保险救助基金等)协同参与的保障机制等关键问题的系统著述。对此,主要归纳概述如下:

其一,关于系统建构中国公民海外安全权益保护的中国特色社会主义思想理论体系的问题。当今全球化时代为国际法与国内法深度融合、国际法治与国内法治良性互动带来新契机,故应超越一元论和二元论的理论逻辑,完善国际法归化适用和中国法国际传播,促进人权和主权的融合互动,创新发展国际法治理论与规则体系。这就要求积极参与全球治理、增强国际话语权,在人类命运共同体理念和全人类共同价值观指引下推进更加公平合理的国际规则秩序;要求学习阐释马克思主义、习近平法治思想、习近平外交思想等,发掘传播中国传统法治思想文化,为中国开展对外关系、参与国际事务、促进国际公平正义提供思想指导与理论支撑。

其二,关于加强中国公民海外安全权益保护的法制供给问题。中国现行法律政策已不能完全适应保护中国公民海外安全权益的实践需要。因而,这就要求合理调整完善国家有关保护政策措施,加快健全完善保护中国公民海外安全权益的法治规范体系。

其三,关于加强中国公民海外安全外交领事保护等问题。外交保护可弥补个人国际求偿能力的不足,与人权保护制度平行适用,协调国籍国与东道国的管辖权冲突。人权国际保护推进了对外国人的保护力度和范围,应在人类命运共同体理念下引领建构适应世情国情的外交保护国际法机制。国际领事保护制度在加强国家责任、完善领事保护形式内容和规范保护行为等有新发展,应积极推进领事协助专门立法,协调好法律与政策、国际法与国内法等关系,应调研阐释其概念使用、立法调整范围、领事协助行为的可诉性等。

其四,关于加强中国公民海外安全综合保护机制等问题。应当由重点保护生命财产安全转向全面保护合法权益,充分发挥和完善中央、地方、驻外使领馆、企业和公民个人"五位一体"综合保护机制;不断完善中国公民海外安全保护制度,改进预防机制、应急处理体系等国内立法、民间力量参与和多层次国际合作等机制。保护中国境外"法人"权益和保护华侨、海外劳工和海外留学生等群体和个体,要注重从法律与机构、公民与法人、行业协会与民间组织及法律服务等方面进一步加强。

其五,关于中国公民海外安全权益保护的交叉学科研究方法论问题。要从人类史、世界史、中国史等人类学、史学角度,梳理揭示海外侨民与本国公民之间的历史往来变迁与交往演进,以及对于全人类社会发展交往的重要贡献。要从国际政治学、国际关系学、区域国别学、国际法学、公共管理学等多学科视角,探求依法加强对中国公民海外安全权益的保护,建立人才流动柔性机制、建立民间保护组织、适当使用军事力量等,达到既减少摩擦又增进共识的目标。和平、正义、人权的价值追求超越特定社会经济结构,是建构国际新秩序的基本价值取向和运行的基石。

其六,关于融合促进"一带一路"倡议等建设发展的问题。要加强基本理论阐述和法律制度梳理编撰,对"一带一路"倡议进行理论探究、系统建构及对外开放等问题;全面系统地梳理编撰沿线国家法律制度及争端解决机制等。要围绕"一带一路"基础设施建设,探究"一带一路"下中欧班列、多式联运、物流园区等建设发展中的实践难题。要探究对"一带一路"国家直接投资的产业选择、区位选择、对进出口影响及风险防控等相关法律问题。要探究“一带一路”倡议中的产业与金融合作等问题。要探究国际社会对“一带一路”的关切评价和支持机制措施等问题,深化全球治理、生态保护与反恐合作等共同关注和面对的重大问题。

正因如此,本书坚持以习近平新时代中国特色社会主义思想为指导,以中国公民海外安全权益保护为研究目标,以相关国际法规则体系和有关国内法为研究对象,结合当前中国公民海外安全权益所面临的实践风险困境,力图在国际法治视域下探索研究中国公民海外安全权益的保护体系。本书各章基本内容概述如下:

第一章主要是中国公民海外安全权益相关概念、内涵特征等的概述。一方面,从纵向和横向两个维度探讨公民海外安全权益保护的渊源;结合公民海外安全权益的上位概念“公民海外权益”,对公民海外安全权益的内涵等进行剖析。另一方面,在现有理念、政策和文献的基础上,结合笔者的理解分析,探讨公民海外安全权益保护的现状和国际合法性。

第二章主要是中国公民海外安全保障的思想理论基础。包含中国人本法律思想理论、“一带一路”倡议及“人类命运共同体”建构理念等方面的论述论证。

第三章主要是从中国公民海外安全的外交保护角度展开。探究国际外交保护机制的现状以及中国外交保护机制运行的现状。国际外交保护机制的现状与考察,主要从外交保护的概念界定及其发展、外交保护的理论基础、外交保护的实施条件、当代部分国家外交保护实践等方面展开论述思考。

第四章主要是从中国公民海外安全的领事保护角度展开。探究国际领事保护机制的现状以及中国领事保护机制的现状。国际领事保护机制的现状与考察,主要从领事保护的概念界定及其发展、领事保护的理论基础、当代国际领事保护的现状、国际领事保护机制存在的问题及完善等方面展开论述思考。

第五章主要是从中国公民海外安全现行平面保护机制完善的角度进行展开。分别阐述外交保护与领事保护从哪些方面完善。此外,还需加强国际合作和完善预防和应急机制。

第六章主要是中国公民海外安全保护机制的国际法完善。主要是从条约保护机制的适用、发挥国际组织的能动作用、社会参与机制、公民自我保护机制等几个方面进行阐述,力求对公民海外安全进行多方位保护。

余论主要是对全书内容进行概括总结。面对百年未有之大变局,在习近平新时代中国特色社会主义思想的指导下,紧扣建构人类命运共同体和“一带一路”倡议下中国公民海外安全权益保护这一主线,探讨弘扬我国坚持捍卫和发展以联合国为核心的国际秩序、以《联合国宪章》及国际法基本准则为基础的国际规则体系、践行真正的多边主义的基本主张,简要梳理中国公民海外安全权益的国际法保障的基本发展脉络,并尝试提出对中国公民海外安全权益保障的前景展望及未来思考。

最后,值得铭记和鸣谢的是,本书在选题框架的商定、资料收集整理、思考撰写和审校修订等过程中,受到了国际法学实务界和理论界诸多前辈专家学者和同仁的宝贵指教,得到了法律出版社有关领导和编辑老师们的鼎力支持和细心审校,还有我指导的研究生孙超(整理第一章资料和初步统稿并校对)、徐明娟(整理第六章资料等并校对)、唐晨晟(整理第三章资料等并校对)、狄梦(整理第四章等并校对)、汪圣杰(整理第二章资料等并校对)、唐渝华(整理第五章资料等并校对)等诸多学子们的辛苦付出。与此同时,本书之所以能够顺利付梓,还得益于国家社科基金项目(18BFX216)、重庆市教委人文社会科学研究项目(21SKJD023)和重庆市高等教育教学改革研究项目(213096)等项目资助。

在此,对他们的教诲指点、帮助支持和辛苦付出一并致谢!同时值得特别指出的是,囿于我个人能力和精力等因素,本书难免存在错漏、不够规范等不足之处,故而尚期各位同仁惠赐教正以作后续修订改正之用,不胜感激!

第一章　中国公民海外安全权益保护概述

第一节　公民海外安全权益的渊源和内涵

一、公民海外安全权益保护的渊源

2022年10月16日，党的二十大报告再次明确提出，“加强海外安全保障能力建设，维护我国公民、法人在海外合法权益”。公民海外安全权益的保护虽然在近些年成为一个热点问题，但就本质而言，其在国际社会上并非一个新事物。

从纵向来看，我国公民海外安全权益保护具有悠远的发展历程。1840年至1949年，诸多不平等条约赋予列强领事裁判权等，使外国领事可依据其本国法对在中国境内的侨民行使民事、刑事和商事的管辖权，有些国家如法国还划定了租界，建立了高等法院和警察队伍，驻扎本国军队。基于此，1949年《中国人民政治协商会议共同纲领》第58条规定：“中华人民共和国中央人民政府应尽力保护国外华侨的正当权益。"1954 年外交部《关于领事工作任务的初步规定》明确了领事六大方面的工作任务，为新中国领事制度奠定了基础。① 1954 年《中华人民共和国宪法》（以下简称《宪法》）第 98 条规定，"中华人民共和国保护国外华侨的正当的权利和利益"。1983 年第一部《领事条例（试行）》出台，将领事保护的对象重点从华侨扩大到海外中国公民。② 1979 年我国加入《维也纳领事关系公约》，表明中国将遵照国际上普遍承认的领事关系准则来建立和处理同外国的领事关系。从 1979 年至 2017 年，中国先后同美国、印度等近 200 个国家和地区签订了领事条约、促进和保护贸易投资协定和民事刑事司法协助协定等，旨在保护境外公民正当权益。2013 年 9 月 25 日，习近平总书记在第十二届世界华商大会的贺信中指出，"我们将进一步深化改革、完善政策、强化服务，依法保护华商投资兴业权益，鼓励和支持广大华商为中国发展献智出力"。③ 2014 年 5 月 8 日，李克强总理在安哥拉召开海外民生座谈会时强调，"随着中国对外开放不断扩大，中国企业和公民走出去与日俱增，合法权益乃至人身安全问题越来越突出。民生是头等大事，切实维护中国企业和公民在海外的合法权益，既是扩大开放的必然要求，也是党和政府应尽的责任"。我们要加大对领事保护工作的投入，加强海外领事保护力量。④ 继党的十八大报告后，党的十九大报告明确指出，新时代在各项工作中要全面贯彻落实"坚持总体国家安全观"，"必须坚持国家利益至上，以人民安全为宗旨，以政治安全为根本，统筹外部安全和内部安全"，同时明确建构人类命运共同体的重大使命责任。2021 年 3 月 5 日，李克强总理代表国务院在十三届全国人大四次会议上作的《政府工作报告》中再一次指出："全面贯彻党的侨务政策，维护海外侨胞和归侨侨眷合法权益，更大凝聚中华儿女共创辉煌的磅礴力量。"近年来，中国公民海外权益的保护面临着越发严峻的形势，中国共产党和中国政府一直高

---

① 参见许育江：《"一带一路"与外交领事保护问题》，载《中国法律译评》2016 年第 2 期。

② 同上。

③ 《习近平致第十二届世界华商大会的贺信》，载央视网，http://news.cntv.cn/2013/09/25/ARTI1380099123491493.shtml。

④ 《李克强：更加注重海外民生工程建设　维护海外企业公民合法权益》，载新华网，http://www.xinhuanet.com//politics/2014-05/09/c_1110606390.htm。

度重视保护每一位中国公民的正当合法权益，坚决反对损害公民海外权益的行为，坚决捍卫国家的主权和民族尊严，坚决维护中国人民的正当发展权利，这同时是在维护国际关系基本准则，维护国际公平正义，维护发展中国家的共同利益。自2018年12月初孟晚舟女士被加拿大司法部门无理拘押以来，中国政府在各个层级、各种场合全力开展工作，向孟女士提供领事保护和协助，向美国、加拿大提出严正交涉，要求撤销对孟女士的错误指控，尽快让她平安回国。2021年9月26日，孟晚舟女士顺利回国，至此"孟晚舟事件"暂时告一段落。

从横向来看，紧随着航海大发现的契机，保护公民海外安全权益符合欧洲各国的一致利益，这直接促成了领事机构的诞生。欧洲至今已有500年的领事保护历史，早在15世纪，欧洲国家彼此间互设领事机构就已经成为一种风尚，欧洲在领事预警、快速反应、信息跟踪及科技运用上都具有丰富经验。此外，20世纪90年代，大量民族国家的诞生引起的不断变化的保护实践推动了领事制度的改革。就挪威而言，挪威虽然只有近500万人口，但是每年平均每个公民都至少在国外待过一个晚上。挪威驻希腊及塞浦路斯大使舒尔·拉尔森先生（Sjur Larsen）就2004年印尼海啸救援的经验教训谈道：当时大量挪威人士伤亡的窘况充分暴露了公众期待与外交部陈旧的领事保护体制之间的鸿沟，它成为转变挪威领事保护工作的开始。挪威汲取了失败的经验，如今在其公民海外权益保护中甚至会关注到一位妇女抱怨在撤侨过程中上厕所不方便的信息，以力求充分保护每位公民的合法权益。① 再如，相较于1996～1997年，在2000～2001年，英国公民海外权益保护需求出现了大幅增长，公民出国人数增加了32%，在海外被拘留、逮捕的公民人数增加了52%，在海外意外死亡或住院等的人数增加了30%，频发的侵犯公民海外权益的事件引起了英国政府的高度重视。英国外交部分别于2004年和2007年发布了两份战略报告：《关于通过合作提供高质量的领事服务的战略2004—2007》和《共同完成变革：2007—2010领事战略》，这两份报告指出，应通过与欧洲其他国家合

---

① 参见黄立志：《大领事时代——"保护海外公民：中国与欧洲的经验与视角"研讨会侧记》，载《国际政治研究》2013年第2期。

作，增加企业与非政府组织对领事工作的参与度，以及以精细化的领事预警服务来应对新形势的发展。

二、公民海外安全权益保护的内涵

要探讨如何进行公民海外安全权益保护，就必须要先正确认识公民海外安全权益的内涵，在此基础上从现状出发来探讨整个公民海外安全权益保护体系的构建。公民海外安全权益是公民海外权益的重要内容之一，要厘清公民海外安全权益的内涵，就必须从其上位概念公民海外权益出发。从整体上而言，我国政府及学者在对公民海外权益这一概念的认识上发生了一定的改变，即从"利益"到"权益"的转变。2017 年第十二届全国人民代表大会第五次会议上，李克强总理在《政府工作报告》中提出要"加快完善海外权益保护机制和能力建设"，"海外权益"一词代替了 2016 年《政府工作报告》中的"海外利益"一词。虽然只有一字之差，但"保护海外利益"与"保护海外权益"这两个提法是存在一定区别的。一方面，与海外利益相比，海外权益是更强调拥有法权性质的海外利益，是一个缩小了的概念；另一方面，这里的海外权益又与以往"保护公民、企业和机构的海外权益"的表述有所不同，不再将权益的主体局限于这些行为体，从这一角度来说又对该概念的内涵一定程度上予以扩张。从"海外利益"转变为"海外权益"，可以理解为一种对合法性的追求，即试图将本国对某些特定利益的声索转变为受到国际法和各国共识保护的合法权利。虽然国际社会中并没有一个所谓的"国际政府"，但是一国的国际行为仍然需要得到其他国家的认可，因而这种提法的转变也可以理解为是一种对国际法与国际共识的尊重。在对外交往实践中，提权益要比提利益更温和、更不敏感，也能更好地避免海外利益无限扩大的倾向。这种改变是符合国际法正当性的，在保护公民海外权益的同时强调与国际接轨，尤其是与国际公共利益接轨——这不仅是新时代下中国"走出去"的新思路，也是在全球化背景下为构建人类命运共同体作出中国贡献的新思路。①

海外安全权益是海外权益体系下的一个分支内容，本书所称的公民海外安全权益，是指一国国内的公民和企业在参与国际活动过程中，在本土范围以外所应当具有的合法人身安全权益和财产安全权益。人身安全权益，是指公民拥有的生命、健康、行动自由、住宅、人格、名誉等不受侵犯的权益。财产安全权益，是指公民拥有的金钱、物资、房屋、土地等物质财富不受侵犯的权益。公民海外安全权益具有以下特点：

首先，主体广泛性。此处的公民是指广义上的人，既包括自然人又包括法人。

其次，法权性。公民海外安全权益之所以采用“海外安全权益”这一表述而非“海外安全利益”，是因为与早前的表述“利益”相比，“权益”是强调拥有法权性质的利益，其内涵因此受到了一定程度上的限定。总体而言，权益与利益相比有一个明显的变化，就是其更为强调合法性，与海外安全利益相比，海外安全权益这个术语的法学性质更强。

最后，交叉重叠性。公民海外安全权益具有交叉性和重叠性，这是由于国际交往具有跨国性与交互性，一个主权国家的公民海外安全权益往往关乎另一个主权国家的国家利益或者国际社会的整体利益。对这一特点的认识，有利于我们在建构和完善公民海外安全权益保护体系的过程中，破除将国际法仅仅作为政治工具这一藩篱，并兼顾多方利益共同构建人类命运共同体。

第二节　公民海外安全权益保护的国际合法性

对公民海外安全权益进行保护具有国际合法性。“合法性”一词在中文语境中有两种含义：一是正当性，即行为对正义观念的符合性；二是合规性，即行为对法律规则的符合性。② 国际法同国内法一样均是社会正义观念的体现，也是法律

---

① 参见黄立志：《大领事时代——“保护海外公民：中国与欧洲的经验与视角”研讨会侧记》，载《国际政治研究》2013 年第 2 期。

② 参见[加]大卫·戴岑豪斯著：《合法性与正当性》，刘毅译，商务印书馆 2013 年版，第 1 页。

得以遵守的社会基础。一种理论认为公民海外安全权益保护的国际合法性中“合法性”应解释为“正当性”而不应解释为“合规性”，理由在于国际法具有分散性、抽象性的特征，它并不同于国内法的系统性与细致化，而且国内法之上有国家机器作为其能得以强制执行的保障，所以通过文本解释考察众多国际行动的合规性既无意义也操作困难。[①] 在国际层面谈论合法性，强调其正当性比强调其合规性更有现实意义。[②] 但就公民海外安全权益保护而言，探讨其国际法上的合法性既要注重其国际法上的正当性同时不能忽略其国际法上的合规性。公民海外安全权益保护的产生符合国际社会普遍意义上的正义观念，公民海外安全权益保护的手段如外交保护、领事保护等既有国际上的正当性又有相应的国际法规范指引，因此具有国际法上的合规性。

一、公民海外安全权益保护具有国际法上的正当性

公民海外安全权益保护的产生符合国际正义观念。正义问题是贯穿人类社会发展史的重大问题，在不同的时代、不同的地域有着不同的内涵与体现。美国当代政治哲学家约翰·罗尔斯把正义的研究对象界定为社会的基本结构，即主要的社会制度分配基本权利和义务以及确定由持续的社会合作所产生的利益分配的方式。罗尔斯认为，正义原则是用以指导社会基本结构设计的首要价值原则。[③] 与发达国家的讨论不尽相同，中国古代思想史中围绕正义的讨论，核心是义与利的价值优先问题，中国传统文化重义而轻利。而国际正义这一概念将正义的理念置于国际关系这一情境之中，国际正义有时是对国际秩序正当性的价值判断，有时则是对国际社会中主体的行为方式的正当性的评判。主权国家作为国际社会最主要的行为主体，对外具有独立性，不受其他国际法主体的非法干涉，任何试图侵害他国利益的行为都被认为丧失了国际正义性；主权国家对内享有最高权同时

---

① 参见冯寿波：《论条约解释中的国际法体系之维护》，载《太平洋学报》2015 年第 2 期。

② 参见何志鹏：《在政治与伦理之间：本体维度的国际法》，载《浙江大学学报（人文社会科学版）》2012 年第 5 期。

③ 参见[美]约翰·罗尔斯：《正义论》，何怀宏等译，中国社会科学出版社 1988 年版，第 1 ~3 页。

承担着维护国内外公民基本权利、协调利益分配、提高人民生活水平、促进国家发展进步的重要责任。

公民海外安全保护手段符合国际正义观念和人权思想。外交保护与领事保护是进行公民海外安全权益保护最主要最直接的途径。18世纪至20世纪初，国际社会的法制化程度较低。在国际公共秩序尚未确立、公力救济缺位的情况下，自力救济便成为发达国家保护国家海外权益的法理依据。这一时期，发达国家保护海外权益的主要手段有：一为战争，即国家在合法权益受到他国侵害时，有权发动战争对加害者施以惩罚并寻求补偿；二为外交保护，即当一国在别国的不法行为给本国国民的自然人或法人造成损害时，可以通过外交行动要求该国承担相应责任，包括要求该国承担赔偿损失等国际法义务。尽管通过战争的手段来进行海外权益的保护在当代国际社会不符合以和平方式解决争端的原则，但在殖民扩张的时代，面对强国通过武力损害本国国民与国家权益，发动战争对加害者施加惩罚是当时国际社会常见的进行国家权益保护方式。就外交保护而言，外交保护兼具政治属性和法律属性，相比战争这种纯粹意义的自助行为，外交保护将他国对于本国国民的侵害视为对于本国国家权益的侵害，并因此通过外交途径追究东道国法律责任，体现了公平责任和程序正义思想，这使其比纯粹的战争和武装冲突更具有进步性，因此外交保护在其产生的时代背景下具有正当性。

领事保护，是指国籍国的领事机构在国际法允许的范围内，在东道国保护本国国家利益、公民和法人权益的行为。① 在以《联合国宪章》为基石的当代国际法体系之下，公民海外安全权益保护必须遵循主权平等、不干涉内政、不使用武力等原则，体现人权保护思想。为此，领事保护制度成为了更为通用的海外权益保护渠道。领事保护的制度设计完全符合国际法上的正当性的基本要求：首先，领事保护制度妥善处理了东道国属地管辖权和国籍国属人管辖权的关系。公民海外安全权益保护的合法性基于国籍国对本国国民所有的属人管辖权，而海外权益保

① 参见中华人民共和国外交部领事司编辑：《中国领事保护和协助指南》，世界知识出版社2007年版。

护机制必然会与东道国的属地管辖权产生竞合，甚至会对东道国的属地管辖权造成侵犯，违背国际法上的主权平等与不干涉内政原则。因此公民海外安全权益保护的制度设计必须对二者的关系作出妥善处理。领事保护制度的制度设计充分尊重东道国的属地管辖权，赋予国籍国程序性与辅助性的属人管辖权。东道国对于在其境内的他国国民负有维护其权益的义务，其应与国籍国通过友好协商合作的方式进行海外公民安全权益的保护。其次，领事保护制度体现了以人为本的人权保护思想。领事保护的制度设计更体现了对公民本体及其法权性利益的关注，保护范围也更为广泛：其一，领事保护以海外公民权益保护和救济为根本宗旨，而不以东道国行为失当或损害业已发生为要件。其二，领事保护所提供的保护措施（如预警机制、协调机制、应急机制等）是完全意义上的国家间合作机制而非国家间冲突解决机制，其技术属性大于政治属性。其三，《维也纳领事关系公约》规定涉事海外公民如果反对领事官员的保护措施，领事官员则应避免相关行动，这也说明海外公民才是领事保护的首要受益人。综上，在领事保护制度的制度设计上，其融汇和区分了国籍国的属人管辖权和东道国的属地管辖权，并认同了海外公民的权利主体地位。领事保护和联合国国际法基本原则保持高度一致，同时兼顾了国籍国、东道国、跨境公民三方主体的权益，完全符合当代国际法体系下正当性要求。

二、公民海外安全权益保护具有国际法上的合规性

外交保护与领事保护的行使具有国际规范指引。19 世纪以来，世界各国常常通过建立全球性机制、缔结国际公约的形式，为各国跨境流动的人员和物资提供具有普遍适用性的保护规则。两次世界大战后，英、美等国对国际政治秩序、国际经济秩序的调整，对全球治理、人权保护等国际正义观念的推崇，都暗合了其保护和拓展自身海外利益的需求。世界银行项下的国际投资争端解决中心（The International Center for Settlement of Investment Disputes，以下简称 ICSID）；1963 年签订的《维也纳领事关系公约》；联合国人权公约（包括《经济、社会及文化权利国际公约》《公民权利和政治权利国际公约》《公民权利和政治权利国际公约任择议

定书》)等,也都是因应时代需求的产物。依据多边渠道建立的海外利益保护制度通常具有普遍适用性和国际法效力。第二次世界大战后国际社会日益重视人权保护问题,先后产生了《世界人权宣言》《公民权利与政治权利国际公约》《社会、经济及文化权利国际公约》等法律文件。外交保护最重要的国际法渊源是《维也纳外交关系公约》,领事保护最重要的国际法渊源是 1963 年的《维也纳领事关系公约》。《维也纳领事关系公约》项下的领事保护制度在确认属地优先权的前提下,赋予国籍国领事机构在相关情事中拥有在场、协助、监督的程序性权利。且这种权利是积极的权利,东道国有配合实现的义务。领事保护制度对东道国属地管辖权和国籍国属人管辖权的融汇和主从优次区分既符合人类社会治理的传统,也与当代国际法精神实质保持一致。全球化背景下,国籍国公民因旅游、经商、留学等原因在海外居留,生活习惯、法律认知、文化传统差异给其生活造成壁垒,使其相对于当地居民和国内居民成为国际社会中的弱势群体。国籍国基于与国民的文化同源性,从效用和道义的角度都有必要为其提供保护。

第三节　公民海外安全权益保护现状

一、公民海外安全权益保护的不同类型

全球化与区域化浪潮下,各国几乎均面临海外权益扩张及保护问题。正所谓“兴于扩张,衰也于扩张”,全球化与区域化浪潮下的海外权益扩张机遇与挑战并存。中国、美国、英国、德国、西班牙等国家均建立起了相应的海外安全权益保障机制。总体上,海外安全权益保护机制是由国家统筹,以具体政策法规为依托,由多种渠道落实的保护网。

(一)中国公民海外安全权益保护机制

中国特色的领事保护机制是国有企业——国家依赖互动机制①。这一机制的

① 参见黄立志:《大领事时代——“保护海外公民:中国与欧洲的经验与视角”研讨会侧记》,载《国际政治研究》2013 年第 2 期。

特点是命令一旦下达，即系统高效配合。例如，中石油在“走出去”战略所采取的一系列措施便是该海外权益保护模式的典型体现。首先，对于海外权益保护的前期准备工作，在决定投资哪个区域前中石油会与国际咨询公司合作，对当地进行形势分析及危机备案，再由中央——至少是副总理以上级别的领导决定；其次，海外权益保护事件发生时，即在危机发生时，作为央企的中石油会与国家一起行动，积极高效地开展保护工作；最后，考虑到海外巨额的资产及人数较多的员工，中石油还与国际救援组织联盟（The International Assistance Group）及国际 SOS[①] 救援中心进行战略合作，在国家撤离行动之外自主进行安保。

（二）美国公民海外安全权益保护机制

在司法制度保障层面，美国 1792 年 4 月 14 日将领事服务正式写入《关于领事和副领事的法案》。1924 年罗格斯法案（Rogers Act），合并了领事和外交体系，奠定了现代外事服务的基础。1946 年 8 月 13 日美国国会通过了《外事服务法案》（The Foreign Service Act），使美国外事服务体系站在了国防最前线。美国 1980 年通过的新的外事服务法案将外事服务和国内服务区分开来，并创设了高级外事服务体系，为现代外事服务体系构建了基本框架，该法案是美国 1946 年至 20 世纪末具有重要意义的法案之一。

在突发事件应急机制层面，美国公民海外安全保护突发事件应急机制采取各种方式包括外交途径、磋商等进行综合应对，甚至采取武力干预、国际制裁等一系列行动。在美国领事保护制度中，为更有效地保护国内外的公民，美国制订了领事信息计划，且该信息的发布必须保持及时性与同步性，即在遇到紧急情况时及时有效地在媒体上向涉及利益的个人、企业、非政府组织等发送信息，并确保公民所收到的领事信息与相关外事部门或机构、驻外使领馆发布的一致。

---

① 国际摩尔斯电码救难信号，余同。

(三) 英国公民海外安全权益保护机制

英国在公民海外安全权益保护方面最具特色的是其撤离机制。英国的撤离方式有以下几大特点:第一,实行四级预警机制。由女王派驻的大使负责发布预警信息,第一级是紧急情况警告及提醒英国公民避免外出;第二级是指非必要待在险情地的英国公民使用商业手段撤离;第三级是所有英国公民撤离,如果可以,仍尽量使用商务方式;第四级是指出动民事或军队力量协助撤离。第二,女王派驻的大使负责制订详细的危机管理计划。在危机的初级阶段,英国要求派驻大使根据当地情况专门制订出合适的危机管理计划,及时与当地的社群联系,确定有序撤离的程序及优先顺序,设想可能出现的不同的危机场景,尽量优先使用商业手段。第三,层层向上聚集的撤离模式。英国协助公民撤离的方式通过几层聚集点显示出来,海外英国公民可先汇集到接待站(Reception Center),再集中前往中级聚会地点(Rendezvous),接着他们会被派遣到撤离处理中心(Evacuation Handling Center),随后总体聚集在撤离地点(Evacuation Point)撤往安全地带(Place of Safety)。第四,非战争性撤离理论支持。2013 年,英国外交部发布有关非战争性撤离的新指南,它规定了非战争性撤离的主体必须是平民,只有当外交部的危机管理计划失败的情况下军队才可以介入。

(四) 挪威公民海外安全权益保护机制

挪威的领事保护机制有如下几个特点:第一,动态地从危机中汲取经验。在 2004 年印尼海啸中,挪威公民死亡人数达 84 人。挪威从中汲取教训,2005 年挪威国会收到了新的有关领事保护的白皮书报告,外交部将领事保护纳入全年的规划中,并且建立了“每一小时提醒”的危机反应机构及专门的危机反应小组。2010 年 4 月,挪威外交部成立了全天候 24 小时节假日无休的外事服务反馈中心,并发布《领事保护白皮书》。第二,使用新媒体等手段,尽可能多地撤离旅外公民。2006 年黎巴嫩撤侨时,挪威使馆预计撤离 100 名挪威公民,而事实上随着撤离工作的跟进,最后实际撤离人数达到近千名。撤离人数的增加,在很大程度上是由于政府利用网络资源及新媒体手段获取了相关信息。比如,挪威政府发现挪威公民喜欢在网上预订酒店,便将他们的信息列入监管范围,同时通过 Twitter、Facebook 等实时媒体及时发布撤离讯息。第三,领事保护的国际合作。在 20 世纪 50 年代,北欧国家间就签订了危机时的合作条约。广泛的国际合作与有关国家的合作机制,有助于领事保护的平时准备及发生危机时的应急运作。多元力量参与的领事保护机制能够应对越来越多的公民海外安全保护事件、越来越复杂的安全威胁来源、越来越高的民众期待,这意味着单以政府为主导的领事保护机制独木难支。

二、中国在保护公民海外安全权益方面所作的努力

随着中国不断全面深化改革,扩大对外开放,中国公民和企业“走出去”步伐不断加快。自 2001 年中国入世,中国出国公民人数开始出现“质”的飞跃。以出境旅游市场为例,从之前每年不足 1 万人次到 2019 年我国出境旅游市场规模增长达到 1.55 亿人次。这是中国越来越适应国际规则、参与国际投资、输出国际劳务的必然结果。为了更好地维护我国公民的海外安全权益,我国的相关部门一直密切关注海外安全现状,不断健全海外安全预警机制,时刻提醒中国公民注意安全防范,提高公民对海外安全权益保护的关注和重视,并在威胁中国公民安全的事件发生时及时进行救济。多年来,中国在保护公民海外生命安全方面所作的努力卓有成效,在不少著名安全事件中做出了及时有效的应对,既有效保护了我国公民的海外安全权益从而维护我国国家利益,又彰显了中国风范,体现了大国担当,更好地树立了我国在维护国际社会安全方面的地位。

一方面,就提高公民对海外安全权益保护的关注和重视而言。近年来,国家越发重视对公民海外安全权益保护的宣传,不断通过各种平台进行相关知识的普及和相关新闻的传播,民众也表现出了对于海外安全权益保护越来越多的重视。外交学院夏莉萍教授以外交部公共外交办公室设在新浪的微博“外交小灵通”(现更名为“外交部”)关注者人数为例(截至 2023 年 3 月,关注人数为 805 万人次),指出民众对外交事务的关注度增加。中国领事网上线的“领事心声”栏目发布了几位驻外领事馆官员根据其亲身经历撰写的文章,行文细节真切体现了海外公民

对中国领事保护“大国气象”的期待。另一方面,就我国的公民海外安全权益保护实践而言,20 世纪 60 年代我国设立了领事保护司,2007 年成立领事保护中心,以应对每年近四万起的海外突发事件。北京大学国际关系学院王逸舟教授认为,党的十八大后中国政府提出“坚定保护我国海外利益”的目标,明确提出了“外交为民”的服务宗旨,这意味着政府将会更加细致审慎地对待公民海外权益保护事件。近年来,面对频发的境外重大突发事件,中国组织了多次大规模的撤侨行动。[①] 主要列举如下:

(一)撤离在中非的中国公民

2012 年 12 月中旬,中非北部武装“塞雷卡”连续攻占多座城市,导致该国安全局势剧烈动荡,危及在中非 310 余名中国公民的生命和财产安全。外交部在第一时间指导中国驻中非使馆密切跟踪、分析和研判形势发展,制定周密撤离方案并迅速稳妥实施,在中国驻喀麦隆等周边国家使馆协助下最终安全撤出 308 名中国公民。2013 年 3 月下旬,“塞雷卡”向中非首都发起进攻,突破中部非洲国家经济共同体多国部队驻守的防线,中非安全局势再度危急。外交部和中国驻中非使馆紧急开展工作,协助 67 名中国公民安全撤离,并与自愿留下的人员保持密切联系。

(二)韩亚航空坠机事故后全力救助中国公民

2013 年 7 月,韩国亚洲航空公司 214 航班在旧金山国际机场降落过程中发生事故并起火燃烧。据媒体报道,客机载有 291 名乘客和 16 名机组人员,其中中国人有 141 名,共有 3 名中国学生在本次空难中遇难。坠机事件发生后,中国驻旧金山总领馆立即成立了以袁南生总领事为组长、两位副总领事为副组长、由各部门工作人员组成的总领馆应急指挥小组,并立即派出两批领事官员前往相关医院核

---

① 参见《祖国助你回家(六):2012——2015 年 4 月撤侨行动》,载中国领事服务网,http://cs.mfa.gov.cn/gyls/lsgz/ztzl/zgjnhj/201504/t20150417_932696.shtml;《祖国助你回家(七):2015 年 4 月——2018 年 3 月撤侨行动》,载中国领事服务网,http://cs.mfa.gov.cn/gyls/lsgz/ztzl/zgjnhj/201804/t20180426_932699.shtml。

实情况，探望伤员。中国驻旧金山总领馆与旧金山地方当局保持密切联系，积极推动、协调各方力量，全力救助因此次事故急需帮助的广大侨胞。外交部及驻外使领馆及时启动应对韩亚航空公司飞机在美失事应急机制，党中央及时指示外交部和中国驻美使馆、驻旧金山总领馆、驻韩国使馆全力做好受伤中国公民救治和幸存中国公民安置工作，同时，同美方、韩方保持联系，妥善处理好遇难中国公民善后等事宜。

（三）从越南接返受打砸抢烧冲击的中国公民

2014 年 5 月，越南多地发生打砸抢烧暴力事件，造成 5 名中国公民死亡，多人受伤。事件发生后，党中央领导人作出重要指示。外交部第一时间启动应急机制，全力开展对越交涉，紧急派出跨部门工作组赴越开展工作，协调交通运输部等部门派出包机、客轮，安全撤回几千名在越南受冲击的中国公民。

（四）协助在利比亚的中国公民撤离

2014 年 5 月，利比亚武装冲突不断升级，范围持续扩大，安全形势迅速恶化。为保障在利中国公民安全，外交部和中国驻利比亚使馆迅速启动应急机制，准确研判形势，及时发布安全提示，积极提供撤离方案，协助 1000 余名中国公民安全、有序撤离回国。

（五）协助在伊拉克的中国公民安全撤离

2014 年 6 月，伊拉克政府军与反政府武装在多地交火，伊拉克安全形势恶化，1000 多名中资企业员工滞留在施工项目营地。中国驻伊使馆与伊拉克政府和军方有关部门密切沟通，要求伊方为中方人员转移创造条件并提供可靠保护，确保中方人员的转移工作迅速、安全、有序进行。最终，在伊拉克军方的护卫下，1000 余名中国员工分三批安全转移至巴格达。

(六)也门撤离行动

2015年3月,也门安全形势严重恶化。在党中央的高度重视和领导下,外交部、国防部及我国驻也门、亚丁、吉布提、沙特等使领馆密切配合,共安排5艘次军舰,将自愿撤离的613名中国公民分四批安全撤离。同时,在此次撤离行动中,中国政府本着人道主义精神,应巴基斯坦等15国政府请求,协助撤离279名外侨。这是我国首次专门协助有关国家撤离外侨,体现了我国的大国责任和担当。

(七)自尼泊尔震区接返中国公民

2015年4月,尼泊尔发生8.1级地震,导致多地房屋倒塌、通信中断,加德满都国际机场一度关闭。地震造成4名中国公民死亡,多人受伤,大量侨民、游客和中资机构员工受困于当地。外交部根据党中央领导有关指示精神,会同民航局等相关部门,协调国内有关航空公司加强赴尼航班运力。随后调派几十架飞机安全接回滞留加德满都机场的5000余名中国公民。外交部还会同驻尼使馆协调尼方,我国军方、西藏自治区政府等部门,协助在尼泊尔震区被困的数百名中方人员安全转移。

(八)从南苏丹撤离中国公民

2016年7月,南苏丹政府军与反对派武装在首都朱巴发生激烈冲突,造成大量人员伤亡,我国两名维和士兵不幸牺牲,南苏丹安全局势骤然恶化,我国在南苏丹同胞面临严重的安全威胁。根据党中央领导有关批示精神,外交部会同驻南苏丹及有关国家使领馆紧急启动我国在南苏丹公民撤离工作。其间,先后撤离1000余人,基本完成非必要人员撤离工作。

(九)新西兰地震紧急撤离中国公民

2016年11月,新西兰发生7.5级地震,凯伊库拉小镇房屋坍塌,电力供应中断,唯一通往外界的山路被阻断沦为“孤岛”,包括中国游客在内的上千名游客被困。接到中国游客受困的报告后，中国驻克赖斯特彻奇总领事馆迅速展开救援，租用多架当地直升机，分批次将100多名中国游客全部安全撤离至安全地区。

（十）紧急撤离以色列大火中滞留的中国留学生

2016年11月底，以色列多地发生大规模山火，其中北部城市海法受灾最为严重。随后，海法市紧急疏散了6万余名居民，并宣布进入紧急状态。中国驻以色列使馆迅速组建救援应急指挥小组，及时组织大巴将重灾区的海法大学150多名中国留学生全部安全撤离至首都特拉维夫，其中包括2名我国香港特别行政区学生和1名我国台湾地区学生。在确认灾情排除、校区恢复安全后，又分批将他们送返校园。

（十一）搜救马来西亚沙巴州游船沉没事故中的中国公民

2017年1月，中国驻哥打基纳巴卢总领馆接到领保电话称，1艘载有约20名中国游客的快艇，在哥打基纳巴卢市前往沙巴著名旅游景点环滩岛途中失去联系。中国驻哥打基纳巴卢总领馆高度重视，当即联络州旅游文化及环境部部长，证实消息后当即深度了解掌握相关情况，向州政府表达重大关切，要求其立即组织力量全力搜救。随即，由马来西亚皇家海军和海警局联合组成的搜救力量展开相关海域搜救。中国驻哥打基纳巴卢总领馆要求州政府加大搜救力度，并密切关注相关情况，全力推动搜救工作。

沉船事件发生后，中国电建、中国建筑、中国中铁、中海建筑、中原建筑、中国浩远、元明酒店、北京城建等中资企业主动请战，沙巴马中联谊协会亦第一时间调配了人员，先后有几十名志愿者在医院为获救游客提供24小时协助，华为公司、本地旅行社等也提供了积极协助。

（十二）协助中国在多米尼克人员转移工作

2017年9月，5级强飓风“玛利亚”正面登陆多米尼克，当地受灾严重。中国驻多米尼克、安提瓜和巴布达、巴巴多斯等使馆持续协助在多米尼克的中国公民转移。一共从多米尼克转移能够联系到且有转移意愿的人员近 500 人,全部人员均在中国驻有关国家使馆协助下得到了妥善安排。

(十三)协助滞留巴厘岛中国公民回国

2017 年 11 月,因印度尼西亚巴厘岛阿贡火山持续喷发,当地的伍拉莱国际机场临时关闭,影响数百航班,超过 12 万名游客滞留,其中中国游客大约有 1.7 万余名。外交部会同旅游局、民航局统筹协调,积极安排中外商业航班。中国政府协调中外航空公司派出 57 个航班,安排 11,239 名滞留中国游客回国。“中国速度”的背后,靠的是政府部门高效运转的应急协调机制,国家航空公司、旅游企业的综合实力和社会责任感,以及广大游客的积极配合。此举很好地向世界各国和人民彰显了我国“以人民为中心”的价值理念。

此次协助中国游客回国采取商业航班模式,即所有游客自行承担回国机票费用。政府部门重在统筹协调,请相关航空公司和旅行社按市场规则操作,同时充分履行社会责任,不追求额外利润。[①] 事实上,以这样的模式进行的相关活动非常顺利。这表明科学、合理地划分各方责任,既有助于实现社会公平正义,也有助于确保政府救助行为的可持续性。充分预警、及时救助,但不为罔顾者所因此产生的费用买单,这既是对生命的尊重,也是对全体国民特别是纳税人的尊重。这样的做法,正是党的十九大、二十大强调的“坚持以人民为中心”“推进国家治理体系和治理能力现代化”的应有之义。

除传统的领事保护外,我国政府还要求不断完善保护公民海外安全的手段,包括建立健全保护机制,运用商业航空、军事力量、企业个人等多种综合手段。在历年《政府工作报告》中,也均有保护公民海外权益的相关内容,充分体现了我国坚持人民主体地位,以人民为中心的理念(见表 1-1)。

---

① 参见《中方高效有序协助滞留巴厘岛中国游客 已逾万人回国》,载中国新闻网,https://www.chinanews.com.cn/gj/2017/12-01/8390474.shtml。

表 1-1　2005~2023 年《政府工作报告》涉及保护公民海外权益的内容

年份	相关内容
2005	我们将全面加强经济外交和对外文化交流，积极维护我国公民在海外的生命安全和合法权益
2006	保护我国公民和法人在海外的合法权益
2007	维护我国公民和法人在海外的合法权益
2008	积极开展多边外交，推动重大热点问题和全球性问题的妥善解决，维护我国公民和法人在海外的合法权益
2009	坚定维护国家的主权、安全和发展利益，保障我国公民和法人在海外的合法权益
2010	大力加强人文等领域外交，有效维护我国公民和法人在海外的合法权益
2011	加强对外投资的宏观指导，健全投资促进和保护机制，防范投资风险。 继续加强侨务工作，保护侨胞的正当权益
2012	加强对外投资风险管理，维护我境外企业人员和资产安全
2013	认真落实党的侨务政策，支持海外侨胞、归侨侨眷关心和参与祖国现代化建设与和平统一大业
2014	团结海外华侨华人和归侨侨眷，发挥侨胞参与祖国现代化建设、促进祖国和平统一、推进中外人文交流的独特作用，使海内外中华儿女的凝聚力不断增强。 坚决维护国家主权、安全、发展利益，切实维护我国公民和法人海外合法权益
2015	我们要更好发挥海外侨胞和归侨侨眷参与祖国现代化建设、促进祖国和平统一、推进中外交流合作的独特作用，使海内外中华儿女的向心力不断增强。 坚决维护国家主权安全发展利益，维护我国公民和法人海外合法权益，推动建立以合作共赢为核心的新型国际关系
2016	加快海外利益保护能力建设，切实保护我国公民和法人安全
2017	我们要认真落实侨务政策，保障海外侨胞和归侨侨眷合法权益，充分发挥他们的独特优势和重要作用，海内外中华儿女的凝聚力和向心力必将不断增强。 加快完善海外权益保护机制和能力建设

续表

年份	相关内容
2018	我们要认真落实侨务政策，维护海外侨胞和归侨侨眷合法权益，为他们在国家现代化建设中发挥独特优势和重要作用创造更好条件，激励海内外中华儿女同心奋斗、共创辉煌。 加强和完善海外利益安全保障体系
2019	我们要认真落实侨务政策，保障海外侨胞和归侨侨眷合法权益，改善和加强服务，发挥好他们的独特优势和重要作用，画好海内外中华儿女的最大同心圆，汇聚起共创辉煌的澎湃力量
2020	针对境外疫情蔓延情况，及时构建外防输入体系，加强对境外我国公民的关心关爱。积极开展国际合作，本着公开、透明、负责任态度，及时通报疫情信息，主动分享防疫技术和做法，相互帮助、共同抗疫。 海外侨胞是祖国的牵挂，是联通世界的重要桥梁，要发挥好侨胞侨眷的独特优势，不断增强中华儿女凝聚力，同心共创辉煌
2021	全面贯彻党的侨务政策，维护海外侨胞和归侨侨眷合法权益，更大凝聚中华儿女共创辉煌的磅礴力量
2022	有序开展对外投资合作，有效防范海外风险。 全面贯彻党的侨务政策，维护海外侨胞和归侨侨眷合法权益，激励海内外中华儿女携手共创新的辉煌
2023	引导对外投资健康有序发展，加强境外风险防控。 持续做好侨务工作，充分发挥海外侨胞在参与祖国现代化建设中的独特优势和重要作用。 加强和改进侨务工作，汇聚起海内外中华儿女同心奋斗、共创辉煌的强大力量

资料来源：2005～2023 年《政府工作报告》，载中国政府网，https://www.gov.cn。

三、中国公民海外安全权益保护有待加强的方面

尽管中国已初步建立了较完善的领事保护体制，并在许多撤侨行动中有效保护了我国海外公民的安全。但目前，中国的领事保护机制仍然有待加强。

第一，领事人员缺乏，供需不平衡。当前外交部领事保护中心仅有 10 余名工作人员。据王逸舟教授分析，在全球的中国驻外使馆中，目前共有 6000 名左右的在编外事人员（包括外交官员），他们需处理每年 4 万起领事突发事件。这使许多领事官员超负荷工作，既无法完全照顾到侨民可能的需求，也会因为顾及不暇而

影响服务的质量。①

第二,“重应急,轻预防”。近年来,针对一系列大规模的非战争性撤侨事件,背后是巨额的政府投入。以利比亚撤侨为例,整个撤侨过程共调用91架次民航包机、12架次军机、5艘次货轮、1艘次护卫舰,租用35架次外国包机、11艘次外籍邮轮及100余次客车等。为此,夏莉萍教授认为,如何更加注重预防,特别在风险预告等预警性环节上更为及时和有效,是中国领事保护中需要注意的问题。②

第三,单一垂直参与力量。现行的中国领事保护是中央政府——地方政府——驻外使领馆——企业的垂直性互动,多个部委参与的领事协调机制在重大应急机制中发挥关键作用。然而,面对复杂的领事威胁,民间团体、军方、企业等力量都应当被包容性地纳入进来。例如,来自斯德哥尔摩和平研究所研究员奥利弗·布罗伊纳援引中国在吉尔吉斯斯坦的领事保护事件,指出中国民间团体及行会在撤侨过程中帮助确定撤侨人数、联系相关人员上,发挥了重要作用。③

---

① 王逸舟、李欣达:《中国外交能力建设新课题:以外交官人数的历史变迁为案例》,载《当代世界》2017年第9期。

② 夏莉萍:《美英领事保护预警机制的特点及对我国的启示》,载《外交评论》2006年第1期;高哲、朱宇、林胜:《从自防、协防到联防:安哥拉中国新移民的社会安全空间营造》,载《华侨华人历史研究》2021年第3期。

③ [德]奥利弗·布罗伊纳、赵晨:《保护在吉尔吉斯斯坦的中国公民——2010年撤离行动》,载《国际政治研究》2013年第2期。

第二章　中国公民海外安全保护的思想理论基础

第一节　人本法律思想理论

一、人本法律观

要研究人的本质是什么，就要厘清人本与人格之间的关系。人格就是指一个人作为人所应该具有的资格，人格与尊严通常是连在一起的，两者互为通用。人格尊严就是要求每一个人不能被降低对待，不能被作为手段，每一个人应获得必要的生活条件，享有基本的生存保障。[①] 现代法律制度的终极目的是确立、发展和保障人之人格。法律调整法律所需要调整的那些社会关系，而这些需要调整的社会关系对人类社会来说又是至关重要的，具体包括人与人的关系，人与社会、国家的关系，人与自然的关系等。人本法律观的首要理念在于必须将人的人格尊严置于高于

① 参见李累：《宪法上"人的尊严"》，载《中山大学学报（社会科学版）》2002 年第 6 期。

一切的位置,人是法律的永恒主题,也永远是法律的主体。①

(一)保障人权

“保障人权几乎是与法律尊重人格同等重要的理念,《联合国宪章》序文就将人权与人之人格尊严相提并论。在一定程度上说,人格尊严是通过人权的确立和保障得以展开和延续的。”②法律的人权保障表现为对所有法律主体的权利予以一视同仁对待。法律的适用主体依其行为以法律为标准,不外乎分为违法犯罪者与非违法犯罪者。法律对人的保障首先直接体现为对特定法律主体权利的保障,这些特定的法律主体包括违法犯罪人、被告人等,这些主体与掌握制裁权的国家相比处于不对等的状态,属于社会中的弱势者。法律中的人权保障,首先意味着对处于弱势地位者权利的保障,这也是现代法治最基本的内涵。其次,法律的人权保障还体现为对一般法律主体包括外国人权利的保障。这一思想是人本法律区别于非人本法律的重要标志之一。法律制度一方面通过规定法律主体的实体权利,使其以此主张权利、行使权利、对抗权力来保障人权;另一方面通过权力对抗权力即分权与制衡实现对人权的保障。

(二)塑造人性

包括法律在内的一切人类制度,以初始人性的规制为逻辑起点。该逻辑起点也涵摄对人性的进一步发展与保护。与此同时,法律制度也为其所规范与控制下的主体提供了人性发展的空间。由于法律制度具有国家强制性这一特性,因此,在肩负塑造人性这项特殊使命上具有其他制度所无法比拟的优越性。由于法律制度具有国家强制性这一独特的特性,因此,在肩负塑造人性这项特殊使命上具有其他制度所无法比拟的优越性。2023 年 2 月,中共中央办公厅,国务院办公厅发布了《关于加强新时代法学教育和法学理论研究的意见》,其指出要做社会主义

---

① 参见李龙、龙晟:《论人本法律观的基本理念》,载《社会科学战线》2005 年第 6 期。

② 参见李龙、龙晟:《论人本法律观的基本理念》,载《社会科学战线》2005 年第 6 期。

法治的忠实崇尚者、自觉遵守者、坚定捍卫者,要把讲政治作为根本要求,提高政治敏锐性和政治鉴别力,严守政治纪律和政治规矩。①

(三)弘扬人道

一般而言,人道主义是指人类社会或者个体都要尊重或保护人的生命,这是一个关于整体如何对待个体生命的原则,也就是说它是一个社会整体性的行为规范。“人道主义”主要不是对被关怀救护者的要求,而是对他人和社会的要求,它反映的是人和人类对待个体生命的态度、需要及其特征和水平。法律对人道主义的弘扬首先是从法律的直接适用主体,即违法犯罪人等弱势者的待遇与处境的改善开始的。人道主义是现代法律的实质内容之一,也是衡量现代法律的重要标准之一,更是区分人本法律与非人本法律的关键标志之一。而法律是人道主义的重要载体之一,也是人道主义发展的有力保障。必须指出的是,对人道主义的弘扬不能囿于刑罚之中,更不能仅局限于对违法犯罪人的处罚,对上述特定弱势人群的人道待遇和处境的直接关怀,实质上也是对法律的间接适用主体即一般公民的关注。

二、中国古代民本思想

古代民本思想主要倡导的是人的精神方面,是一种理念、思想,其核心在于顺民心,收民心。②

(一)中国古代民本思想的具体表现

1. 中国古代“性本善”的人性论

儒家经典理论“人之初,性本善”肯定了人的良心与人的尊严。儒家学说不仅肯定了人性本善,还肯定了人性中包含“仁”的要素。孔子说“人而不仁,如礼何?人而不仁,如乐何?”这正是强调仁的重要性,也强调人本质属性的重要性,人需要

① 中共中央办公厅、国务院办公厅:《关于加强新时代法学教育和法学理论研究的意见》,载中国政府网,http://www.gov.cn/zhengce/2023-02/26/content_5743383.htm? dzb=true。

② 参见李龙、钟会兵:《关于“以人为本”若干问题的商榷》,载《法制与社会发展》2005年第5期。

仁,才能够接受礼乐秩序的调整。

2. 中国古代民本思想

第一,民本思想“民为贵”的理念。传统民本思想提倡“民为贵”,认为“是故得乎丘民而为天子”(《孟子·尽心下》),又提倡“天人合一”,认为人与天地万物为一体,天道与人道同一。《尚书·泰誓中》曰:“天视自我民视,天听自我民听。”孟子曾引用这段话来表达自己的政治观点,认为天人贯通,民由天生,拥有民心的君主才能得到上天的承认。《管子·牧民》中也提道:“政之所兴在顺民心,政之所废在逆民心。”这些政治话语虽然隐晦,既没有明确否认天命观,也没有从理论层面肯定民众的主体地位,但其中的确蕴含了“民存则君存,民安则国安”的思想理念。

第二,民本思想“民有”及“民享”的观点。《六韬·文韬·文师》中有言:“天下非一人之天下,乃天下之天下也。同天下之利者,则得天下;擅天下之利者,则失天下。天有时,地有财,能与人共之者,仁也。仁之所在,天下归之。”意指能和民众共享财富者,天下之人才会归附。《礼记》有言:“民之所好好之,民之所恶恶之,此之谓民之父母。”意指提倡百姓所喜,杜绝百姓所恶,以百姓的目的为自己的目的,才是百姓的父母官。

第三,民本思想“重民在于民生”的观念。传统民本思想认为固本安民必须体察人民疾苦,并以富民、惠民、利民、养民、恤民等民生政策将以民为本落到实处。民本联系民生,民生联系民心,民心则关乎国运,因此民本思想的一大特色就是提倡治政之要在于安民。从“凡治国之道,必先富民”“民富则安乡重家”(《管子·治国》)到“因民之所利而利之”(《论语·尧日》),从程颐、程颢提倡“劝农桑”“禁游浮”到王安石主张实施均输法、方田均税法、农田水利法等,无不体现传统民本思想、“省劳费,去重敛,宽农民”的民生情怀。

第四,民本思想“选贤与能”的观念。“德政”“礼法”“选贤”三位一体构成了传统中国民本社会治理的架构与逻辑,[①]其中,贤能政治在古代的社会治理中具有

① 参见张冬利:《从“选贤与能”看儒家民本社会治理秩序的动态平衡》,载《海南大学学报(人文社会科学版)》2018 年第 5 期。

重要的政治功能,如基于民本思想进行政治表达、政治评价、政治劝勉、政治调节等。由于古代基本上是人治社会,礼贤下士、“选贤与能”对于国家的治理至关重要,因此,民本思想涉及一套“选贤与能”的程序和方法。孔子主张“始吾于人也,听其言而信其行,今吾于人也,听其言而观其行”(《论语·公冶长》),即听言观行以知人。在知人之后还要讲究用人,正因为金无足赤人无完人,故而传统民本思想主张适才适用、扬长避短、人尽其才。正如魏源所说:“不知人之短,不知人之长,不知人长中之短,不知人短中之长,则不可以用人,不可以教人。”(《默觚·治篇七》)“荐举”和“科举”是中国古代主要的人才选拔方式,一方面,通过“荐举”和“科举”输送了大量贤能之士,以此建立了社会的自我治理机制;另一方面,也为人员阶层的垂直流动打开了通道,促进了教育风气的盛行。

3. 大同和谐的精神

大同精神是中国传统文化中非常重要的行为准则,不患寡而患不均,为实现以人为本的最终理念,“大同精神”的倡导在中国古代圣哲语录中不时出现,诸如“天下为公”“天人合一”“四海之内皆兄弟”“先天下之忧而忧”,这都能体现人类所追求的大同,同时为缔造和谐稳定的社会提供了先决条件。

(二) 中国古代民本思想的核心要义

1. 重视民生

历史上很多统治者,都把民生问题当作治理国家的重中之重,一旦这个问题没有得到很好的关注与解决,就会埋下社会安定团结隐患。因此,古时提倡历代君王必须“制民之产”,[①]让普通民众能够得到相对稳定充裕的生产资料和生活资料。人民群众不为日常生活担惊受怕,君王的统治才会坚如磐石,进而使社会获得长久的团结和安定。相反,如果没能保证普通民众稳定的生活所需,甚至普通民众生存都成问题,他们就会为生活所迫揭竿而起,整个社会、整个国家也会风雨

---

① 张可荣、刘奕汝:《中华传统民本思想的时代价值探析》,载《长安大学学报(社会科学版)》2019年第5期。

飘摇、动荡不堪。治国之道，必先富民，民富则易治，民贫则难治。① 加强对民生的重视，施行合理的民生举措，使人民群众的基本生存资料得到满足，才是社会长治久安的根本。

2. 体恤民力

在古代维持一个国家的物质基础，是通过赋税和徭役实现的，然而赋税和徭役的轻重直接影响着当时人民群众的生产和生活。纵观历史，很多重要的思想家出于爱民，倡导轻徭薄赋的治国理念，这不仅可以在很大程度上保证人民群众的基本生活，还会促进社会的长治久安。与此同时，他们也提倡在向民众征收赋税和徭役的时候，一定要掌握好分寸，切勿横征暴敛、竭泽而渔，只有这样才能使社会各方面的生产顺畅、有序，取之无度只会引起民众的愤慨进而导致政权的颠覆。因此，必须建立起符合人民群众接受度的赋税制度和徭役制度，从根本上减轻他们的负担。人民群众的基本生存权利和日常生活得到了保证，国家才能正常征税，社会才能正常运转和不断发展。

3. 教育民众

传统的儒家思想认为，国家长治久安离不开对人民群众温饱问题的重视，也离不开法律法规的保障，还离不开良好的社会风气。良好社会风气的传播和普及，对良好社会秩序的确立，以及整个社会积极健康的发展有着重要的作用。而建立良好的社会风气，必须加强对人民群众的思想道德教育，使他们能够自觉遵守国家的各项政策法规，遵从社会的各项伦理道德纲领，用礼仪规范他们的所作所为、一言一行，进而使他们形成正确的价值观念和道德情操。② 这不但有助于提高人民群众基本道德水平，也有助于良好社会风气的形成。如果没能对人民群众进行应有的教育，而是简单粗暴地用强制性政策及法律约束他们，就会间接地为社会的安定和谐埋下无穷隐患。

---

① 参见吴玉梅：《儒家"民本"思想的当代价值研究》，载《石家庄铁道大学学报（社会科学版）》2015 年第 3 期。

② 参见吴宪：《传统儒家思想中民本思想再探析》，载《现代交际》2020 年第 16 期。

4. 顺从民意

传统的儒家思想认为,民意是人民群众心声的体现,也是衡量国家统治政策是否正确的重要标准。那些能够提高人民群众生产生活水平、促进社会进步发展的举措,都是值得人民群众肯定和支持的。相反,那些不利于人民群众的生产生活,并且阻碍社会进步发展的举措,也一定会遭到人民群众的否定和排斥。因此,在制定政策法规等各项举措时,必须顺应人民群众的真实意愿,遵从人民群众的广泛心声,符合人民群众的心理需求。以此为依据,才能制定出正确的政策,得到人民群众的支持和拥戴,社会生产生活才会朝着更好的方向发展。

5. 与民同乐

传统的儒家思想认为,争取到民心才是达到"人和"境界的重中之重。那么,如何争取民心呢?答案是统治者必须关心民间普通百姓的疾苦,忧百姓之所忧,乐百姓之所乐,只有这样,才能获得他们的真心支持和真心拥戴。由此可见,与民同乐是获得民心重要的途径之一,也是儒家民本思想不可或缺的重要组成部分。与民同乐,百姓就会与统治者协力同心,进而达到"乐民之乐者,民亦与其乐;忧民之忧者,民亦忧其忧"的境界。相反,脱离百姓的独乐乐不会长久。

第二节 "一带一路"倡议及"人类命运共同体"建构理念

一、"一带一路"倡议及"人类命运共同体"的概述及关系

2012 年 11 月,中国共产党第十八次全国代表大会明确提出要倡导"人类命运共同体"意识。人类命运共同体旨在追求本国利益时兼顾他国合理关切,在谋求本国发展中促进各国共同发展。人类只有一个地球,各国共处一个世界,所以要倡导"人类命运共同体"意识。人类命运共同体的理念得到诸多国家的赞许和支持,逐渐从理念转为实践。2017 年 10 月 18 日,党的十九大报告中再次强调:"我们呼吁,各国人民同心协力,构建人类命运共同体,建设持久和平、普遍安全、共同繁荣、开放包容、清洁美丽的世界。要相互尊重、平等协商,坚决摒弃冷战思维和强权政治,走对话而不对抗、结伴而不结盟的国与国交往新路。要坚持以对话解

决争端、以协商化解分歧，统筹应对传统和非传统安全威胁，反对一切形式的恐怖主义。要同舟共济，促进贸易和投资自由化便利化，推动经济全球化朝着更加开放、包容、普惠、平衡、共赢的方向发展。要尊重世界文明多样性，以文明交流超越文明隔阂、文明互鉴超越文明冲突、文明共存超越文明优越。要坚持环境友好，合作应对气候变化，保护好人类赖以生存的地球家园。"①这充分体现了党对构建人类命运共同体的重视与坚持。

"一带一路"倡议既是中国走向世界的重要一步，也是关键一步，还是新形势下中国参与全球治理的具体实践，更是中国带动"一带一路"周边国家实现协同发展的重要方式。"一带一路"建设发展倡导周边各国在日益紧密的经济联系中不断开展交流合作，引导和鼓励沿线国家积极应对经济治理领域中的挑战和问题，共同为全球经济治理建言献策，在全球治理的实践中共同推进人类命运共同体建构。

多边合作机制的构建在"一带一路"倡议的推进过程中发挥着重要作用。现阶段，世界的政治经济格局随着世界普遍交往和经济社会发展发生了复杂而深刻的变化，世界各国在发展层面面临着众多共性问题。在此背景下，中国提出"一带一路"倡议，顺应了世界多极化、经济全球化、文化多样化、信息多元化的发展潮流，力求缩小生产力发展的差距，改变沿线国家发展的相对不平衡状态，起到了联通中国梦与世界梦的桥梁与纽带作用。"一带一路"倡议是构建人类命运的重要实践，是中国在构建人类命运共同体理念的指引下提出的具有创造性的国际合作与发展倡议。推动共建"一带一路"倡议走深走实，造福沿线国家人民，最终推动构建人类命运共同体。

2017 年 5 月 14 日，"一带一路"国际合作高峰论坛在北京召开，这是自该倡议提出以来中方召开的规格最高、影响力巨大的国际性会议。中国将国际合作、共建、共赢作为会议的一个重要主题，致力于促进国际合作平台区域更加开放与高

---

① 习近平：《决胜全面建成小康社会夺取新时代中国特色社会主义伟大胜利：在中国共产党第十九次全国代表大会上的报告（2017 年 10 月 18 日）》，人民出版社 2017 年版，第 86 ~ 87 页。

效,国际关系网络日趋紧密,使全球治理体系朝着公正化、合理化方向发展。2019年4月25日,第二届"一带一路"国际合作高峰论坛的召开彰显了中国在全球共治理论下坚持共建共享、坚持驱动创新战略、追求多元主体基础上公平与民主的决心,标志着超国家共同体的治理理念得到了更多国家的认可和赞同,这也是中国作为新兴大国积极构建中国特色话语体系、积极创造与发达国家在国际事务上平等对话机会的有力尝试。今后中国将一如既往地把推进"一带一路"倡议,不断创新大国治理模式,变革全球治理体系,推进国家间、区域间的共赢发展。

二、"一带一路"倡议及"人类命运共同体"理念下的公民海外安全权益保护

2017年12月1日,习近平总书记在北京人民大会堂出席中国共产党与世界政党高层对话会开幕式,发表题为"携手建设更加美好的世界"的主旨讲话。该讲话指出:"我们要努力建设一个远离恐惧、普遍安全的世界。纵观人类文明发展进程,尽管千百年来人类一直期盼永久和平,但战争从未远离,人类始终面临着战火的威胁。人类生存在同一个地球上,一国安全不能建立在别国不安全之上,别国面临的威胁也可能成为本国的挑战。面对日益复杂化、综合化的安全威胁,单打独斗不行,迷信武力更不行。我们应该坚持共同、综合、合作、可持续的新安全观,营造公平正义、共建共享的安全格局,共同消除引发战争的根源,共同解救被枪炮驱赶的民众,共同保护被战火烧灼的妇女儿童,让和平的阳光普照大地,让人人享有安宁祥和。"①该讲话指出了人类命运共同体理念下全人类社会应该共同坚持的安全观,即共同、综合、合作、可持续的新安全观。

随着"一带一路"倡议和人类命运共同体理念的深入推进,各国之间的交流和对话越来越多,合作逐渐深入,各国之间的距离也逐渐拉近。越来越多的中国企业和中国公民"走出去",中国海外公民合法权益的保障工作越来越迫切,越来越不容忽视。各国之间政治、经济和文化存在差异,难免会引发摩擦,中国公民海外安全权益可能受到不同程度的侵害。如何在寻求合作的同时保障公民海外权益,

① 习近平:《携手建设更加美好的世界》,载《人民日报》2017年12月2日,第2版。

以避免引起不同国家之间的摩擦，在和平中谋求发展是我国近年来关注的重点问题之一。[①]“一带一路”倡议是构建人类命运共同体的有效路径和实践举措。2017年5月15日，习近平主席在“一带一路”国际合作高峰论坛圆桌峰会上指出，“在‘一带一路’建设国际合作框架内，各方秉持共商、共建、共享原则，携手应对世界经济面临的挑战，开创发展新机遇，谋求发展新动力，拓展发展新空间，实现优势互补、互利共赢，不断朝着人类命运共同体方向迈进”。[②] 其具体实践路径大体如下。

1. 坚定奉行独立自主的和平外交政策。党的十九大报告中指出，中国坚定奉行独立自主的和平外交政策，尊重各国人民自主选择发展道路的权利，维护国际公平正义，反对把自己的意志强加于人，反对干涉别国内政，反对以强凌弱。中国决不会以牺牲别国利益为代价来发展自己，也决不放弃自己的正当权益，任何人不要幻想让中国吞下损害自身利益的苦果。因此，中国坚决维护公民海外合法权益，绝对不容许他国对我国公民海外权益进行非法侵害。

2. 积极发展全球伙伴关系。中国扩大同各国的利益交汇点，推进各国协调合作，总体稳定，均衡发展。按照亲诚惠容理念和与邻为善、以邻为伴周边外交方针深化同周边国家的关系，秉持正确义利观和真实亲诚理念加强同发展中国家的团结合作。中国努力扩大同各国的共同利益，但是也决不会放弃自己的正当利益，不会以牺牲公民海外权益为代价。

3. 坚持对外开放的基本国策。中国积极推进“一带一路”倡议的实施，坚持“走出去”，寻求国际合作，开展政策沟通，打造国际合作新平台，增添共同发展新动力。推动构建以合作共赢为核心的新型国际关系，是构建人类命运共同体的内在要求和前提条件。共建人类命运共同体内在要求各国在遵循和平共处五项原则的基础上，加强与各国经济、政治、文化等方面的合作，推动以合作共赢为核心

---

① 参见付永嘉：《以“一带一路”建设推动构建人类命运共同体》，载《学校党建与思想教育》2020年第20期。

② 参见《开辟合作新起点谋求发展新动力》，习近平主席在“一带一路”国际合作高峰论坛圆桌峰会上的开幕辞，载人民网2017年5月16日，http://jhsjk.people.cn/article/29277193。

的新型国际关系的建设。我国倡导构建新型国际关系,需要各国和国际社会共同努力。例如,在国与国的交往过程中要摒弃传统的冷战思维和强权意识,寻求最大的利益交汇点并尊重各国的核心利益,走对话而不对抗的和平发展、共同繁荣道路。在遇到利益冲突与摩擦时,用对话协商的和平方法解决争端,实现双赢、多赢、共赢。此外,积极发展与世界各国的友好伙伴关系,以经贸合作的不断深化来推进与各国的政治、文化、社会、生态等领域的合作,为构建人类命运共同体打下坚实基础,为推动"一带一路"建设减少阻力。

4. 秉承共商共建共享的全球治理观。党的十九大报告指出,"倡导国际关系民主化,坚持国家不分大小、强弱、贫富一律平等,支持联合国发挥积极作用,支持扩大发展中国家在国际事务中的代表性和发言权。中国将继续发挥负责任大国作用,积极参与全球治理体系改革和建设,不断贡献中国智慧和力量"。公民海外权益的保护既需要本国的努力,也需要寻求国际合作,需要坚持"共商共建共享"的全球治理观。

5. 加强文化交流,实现民意相通。为了加强与共建国家的文化交流和民心互通,我国在2016年制定了《文化部"一带一路"文化发展行动计划2016—2020年》,这是"一带一路"文化建设在国家层面的顶层设计和规划。因此,要以此为行动指南,按照政府主导、市场引导的原则来夯实"一带一路"建设的民意基础。积极落实我国与"一带一路"共建国家和地区签订的文化合作协定、年度执行计划、谅解备忘录等政府间文件,加强我国与"一带一路"共建国家和地区的文化交流与合作机制化发展。① 发挥市场机制在文化交流中的作用,充分调动文化企业的积极性,创造能够符合共建各国人民共同利益,传播古丝绸之路和平、包容精神的文化精品,同时利用各种新兴网络媒体手段,通过电影、音乐、演出等方式,向共建国家传播中国声音,让各国政府和民间力量了解中国实施"一带一路"的目标、意义以及取得的实质性成就,以切实的利益吸引各国政府和民间力量主动参与到"一带一路"建设中来。通过与沿线国家各种形式的文化交流,促进民意相通,推动人

① 参见张艳红:《"一带一路"建设与人类命运共同体关系研究》,载《求知》2019年第6期。

类命运共同体理念在沿线国家落地生根。

“一带一路”倡议促进了人类命运共同体的建设,推动深化了区域国家的政治、经济、文化等方面的交流合作,其中所带来的风险和机遇并存。从风险层面来说,“一带一路”建设过程中沿线国家的不同政治、法律和文化背景,以及沿线国家不稳定的政治局势,对在正常商贸往来中的中国公民、企业影响极大。传统安全和非传统安全矛盾与危机并存。这些都会对我国的“一带一路”建设产生极大影响。在这种背景下,对公民海外安全权益保护应从沿线国家的特征出发,从预警到应急体制与国家、社会主体等联动防控。

第三章　中国公民海外安全的外交保护

第一节　国际外交保护机制

一、外交保护的概念界定

关于“外交保护”的概念，国内外的学者众说纷纭，至今并没有一个统一的说法。国外有学者如博查德(Edwin M. Borchard)认为，外交保护实际上是一种国际程序，是一国请求另一国履行因他们相互的权利和责任而产生的相互的义务；①盖克(Wilhelm Karl Geck)则认为外交保护这个术语总体上并不明确。② 而国内学者一般都对外交保护下了一个较明确的定义。例如，周鲠生教授认为外交保护泛指一国通过外交途径对在国外的本国国民的合法权益所进行的保护，外交保护将私人与国家之间的关系上

① See Edwin M. Borchard, *The Diplomatic Protection of Citizens Abroad or the Law of International Claims*, New York: Banks Law Publishing Company, 1915, p. 354.

② See Wilhelm Karl Geck, *Diplomatic Protection*, Encyclopedia of Public International Law, 1992, p. 4.

升到国家与国家之间的冲突;[①]王铁崖教授认为,外交保护是一国对于其国民所实行的保护,如果一国国民受另一国的违反国际法行为的侵害而无法通过通常途径得到解决,该国民所属的国家有权利对其实行外交保护,这是国际法的一项基本原则。[②] 联合国国际法委员会(International Law Commission of the United Nations)于2006年通过的《外交保护条款草案》(以下简称《外交草案》)采纳了杜加尔德的建议,《外交草案》评注对其中的第1条进行了解释:第1条没有试图为外交保护下完整、全面的定义,而是以本条款草案所用该词语的含义描述外交保护的特征。《外交草案》对外交保护的定义为:为本条款草案的目的,外交保护是指一国对于另一国的国际不法行为给予属于本国国民的自然人或法人造成损害,通过外交行动或其他和平解决手段援引另一国的责任,以期许该国责任得到履行。但是该定义还有些许不足:因为《外交草案》中外交保护的定义只阐明了保护的对象是本国自然人和法人、针对的行为是另一国的不法行为、行为方式是通过和平解决争端手段,并没有涉及进行外交保护时所必须的一个条件即用尽当地救济。故此,可以考虑,可以将用尽当地救济写进外交保护的定义:外交保护,是指一国因另一国的国家不法行为对属于本国国民的自然人或法人造成损害,在用尽当地的救济途径后,通过外交行动或其他和平解决手段援引另一国的责任,以期许该国责任得到履行。

以前的外交保护只是一国对本国境外的侨民的保护,但自20世纪80年代以来,国际社会开始发生变化,全球化带给了各国发展的机会,但同样带来了其他各种各样的问题,一国的海外权益保护就是问题之一。随着国际交往的密切深入,外交保护的范围在不断地扩大,现已经将所有在本国境外的国民和本国的跨国公司纳入外交保护的范围,并且随着国际社会人权的发展,外交保护的理论基础也在不断丰富,外交保护逐步将人权保护纳入理论基础体系,外交领域也越来越注重对人权的保障。

---

① 参见周鲠生:《国际法》(上册),商务印书馆1976年版,第283页。

② 参见王铁崖主编:《中华法学大辞典——国际法学卷》,中国检察出版社1996年版,第572页。

二、外交保护的发展概况

作为自然人和法人权益最常用的保护方法，外交保护制度是在国际法产生之后的近一百年才出现，①相比于海洋法、条约法等发展较晚。外交保护制度最早源于公元前600年的欧洲，于18世纪得到发展。外交保护理论的奠基人瑞士法学家艾梅里希·德·瓦特尔(Emmerich De Vattel)曾在其发表的论述中说过这样一句话："无论谁虐待一名公民，均间接损害了须保护该公民的国家。"②当一国的公民的合法权益在本国境外遭到侵犯时，在一定条件下将该公民与侵害国之间的法律关系转换成该公民的国家与侵害国之间的法律关系，对一国通过国家以外交或者其他和平手段来维护本国公民的合法权益，关于外交保护的理论基础便由此产生，后来的国际法学界将此称之为"瓦特尔虚拟"，"瓦特尔虚拟"奠定了外交保护理论的基石，外交保护从此开始发展起来。1924年常设国际法院对马夫罗马蒂斯在巴勒斯坦的"特许权案"的判决③成为外交保护制度的习惯法起源，2006年联合国国际法委员会通过的《外交草案》，是迄今为止国家进行外交保护的国际法规则的主要编纂成果，成为现代国际社会外交保护适用最广泛的国际法规则。

三、外交保护的理论基础

(一)国家主权

国际法是建立在国家概念之上的，而国家则建立在主权的基础之上。主权的概念最早是16世纪法国哲学家让·博丹(Jean Bodin)在他的名著《论共和国》

---

① 一般认为1648年签订的《威斯特伐利亚和约》是现代国际法体系的标志。

② Emmerich De Vattel, *The Law of Nations or the Principlesof Natural Law Appliedto the Conduct and to the Affairs of Nations and Sovereigns*, trans. by C. G. Fenwick, Carnegie Institution, Washington, 1916, p. 136.

③ 参见王铁崖主编:《中华法学大辞典》(国际法卷)，中国检察出版社1996年版。

(Delarépublique,1577 年)书中阐明的。他认为,主权是国家内的最高权力,除受上帝的戒条和自然法限制外,不受任何限制。其中,绝对主权和相对主权以及主权是可分的还是不可分的在公法学上一直被讨论,各个流派的法学家众说纷纭,至今没有统一标准。但是,从国际法的实践来看,一般认为主权是国家最高的、对外的一项独立的权力,如著名国际法学家奥本海先生所说,“主权是最高的权威,是一个独立于人世上任何其他权威的权威”①。

国家主权原则是国际法中最重要的基本原则,已为国际社会所公认。按照国家主权原则,首先,国家各自根据主权行事,不接受任何其他权威的命令强制,也不容许外来的干涉;其次,在一个主权国家内,不得有别国或任何其他权威行使与主权有关的任何权利。② 因此,当一国公民的合法权益因另一国的不法行为受到损害且用尽当地救济后,请求其国籍国保护其权益时,其国籍国并不能直接命令或者要求在侵害国境内直接采取有关措施,从而使外交手段成为常用的既不损害任一国的国家主权,同时又能以和平的方式最大限度地维护公民合法权益的手段之一。

(二)双重管辖

双重管辖包括属人管辖和属地管辖,无论是属人管辖还是属地管辖都是基于国家主权原则衍生出来的。属人管辖是指一国对有其国籍的自然人、法人和船舶享有管辖权;而属地管辖是指国家对其领土范围内的一切人、事、物享有完全的和排他的管辖权。就外交保护这个层面来讲,属人管辖和属地管辖主要是指当一国公民在该国境外的别国就其合法权益受到别国的不法侵害后,管辖权归属于哪个国家的问题,即到底是属人管辖优先还是属地管辖优先。国内有些学者认为,一个主权国家对在外国的侨民享有属人优越权,相关的国家机关依据国内法的规

---

① [英]劳特派特修订:《奥本海国际法》(上卷)(第 2 分册),石蒂、陈健译,商务印书馆 1971 年版,第 97 页。

② 参见周鲠生:《国际法》(上册),商务印书馆 1976 年版,第 150 页。

定,主要职责就是保护外国的侨民;①外国有学者认为,一国公民无论何时都受到本国的保护,虽然该公民在其他国家或地区时受到所在地属地管辖权的管辖,但是并不因此否定本国对其公民的属人管辖权。② 一般来说,国际社会普遍支持受侵害的公民的国籍国基于属人管辖权享有通过外交手段保护本国公民的权利,但是当属地管辖和属人管辖发生冲突时,还是优先考虑属地管辖,受侵害的一国公民应先诉诸别国的国内法救济。

外交保护发展至今,已为各国所普遍接受。外交保护其实是国家享有的一项权利,国籍国在本国公民的合法权益受到侵害时有权采取外交手段保护本国公民,但又必须尊重别国主权。因此,用尽当地救济这一原则就很好地协调了国籍国的属人管辖和侵害国的属地管辖,在诉诸侵害国的当地救济手段用尽之后,国籍国才可以采取外交手段通过各种和平的方式来维护本国公民受侵害的合法权益。

(三)国家义务

前文提及的"瓦特尔虚构"是外交保护制度的理论基础,但外交保护制度是国家的一项权利还是一项义务,学界众说纷纭。如前所述,博查德认为外交保护实质是一项义务。③ 其认为国家在国际法上没有义务保护他的国民,受害国国民也无权要求国家对他进行外交保护,因为即使把外交保护看作一项国际性义务,由于无法强制履行,它也只是道德上而非法律上的义务,是政治性而非法律性的,个人无权要求得到保护。④ 王铁崖教授认为,一国采取外交行动系主张权利。⑤ 奥本海认为,根据国际法,一个国家在该国境外的国民无权要求本国的保护,国家没有

---

① 参见周鲠生:《国际法》(上册),商务印书馆1976年版,第285页。

② 参见[英]詹宁斯、[英]瓦茨修订:《奥本海国际法》(第1卷)(第2分册),王铁崖等译,中国大百科全书出版社1998年版,第173页。

③ See Edwin M. Borchard, *The Diplomatic Protection of Citizens Abroad or the Law of International Claims*, New York: Banks Law Publishing Company, 1915, p. 354.

④ Ibid.

⑤ 参见王铁崖:《国际法》,法律出版社1995年版,第158页。

保护在国外的国民的义务。[①] 1970 年的“巴塞罗那电车案”中,国际法院认为,一个国家在国际法限度内行使外交保护,可以在任何程度上采取该国家认为合适的任何手段,因为这是其对于自身权利的维护,即使没有充分保护到受损害的相关自然人或者法人的权利,该受损害人在国际法上也不存在任何救济手段,国家在是否进行以及在何种程度上、在何时进行外交保护享有充分的自由裁量权,在此,国家在行动上享有完全的自由。[②] 联合国国际法委员会曾收到过一份关于要求各国在其国民的基本权利在国外受到侵犯的情况下履行有限外交保护义务的提议,但是联合国国际法委员会在 2000 年否决了该项提议,并在后来发布的《外交草案》中将外交保护界定为一项国家权利而不是一项国家义务。这是将是否进行外交保护的决定权赋予国家,针对特定的侵害事项,由国家自由裁量是否进行外交保护以及如何进行外交保护。

(四)国家责任

国家责任是现代国际法的一项基本原则,并由国家主权原则和国家平等原则所决定。国家责任是指当一个国家对别国实施了国际不法行为时,在两国之间就建立起了国际责任,并且将产生因违反该项国际义务进行赔偿的责任,这已经为国际社会所普遍承认。[③] 关于国家责任的要素构成有三:其一,两个特定的国家之间存在一项有效的国际法律义务;其二,责任国违反了该项义务;其三,不法行为或不作为产生了损失或损害。当该种不法行为或不作为产生了损害,应当如何援引国家责任呢?联合国国际法委员会《外交草案》第 42 条规定,一国有权在下列情况下作为受害国援引另一国的责任:如果被违反的义务是个别国家对它承担的,或者是对包括该国在内的一个国家集团或是对整个国际社会承担的,而对该

---

① 参见[英]詹宁斯、[英]瓦茨修订:《奥本海国际法》(第 1 卷)(第 2 分册),王铁崖等译,中国大百科全书出版社 1998 年版,第 332 页。

② 参见张卫华:《外交保护法新论》,法律出版社 2012 年版,第 40 页。

③ 参见[英]马尔科姆·N. 肖:《国际法》(第 6 版)(上),白桂梅、高健军等译,北京大学出版社 2011 年版,第 778 页。

义务的违反将特别影响该国;或者具有如此性质,以至于将彻底改变所有其他国家对进一步履行该义务的立场。如果受害国已经有效地放弃了要求或基于其行为可以被视为已有效地默许其要求失效,则不得援引责任。①

一国公民在非本国时受到的侵害无非两种:一种是来自私人的即其他个体的侵害,另一种是来自公权力的侵害即国家的侵害。当其合法权益受到另一国的国际不法侵害时,该公民的救济手段无非也就是两种:一种是寻求当地的救济,另一种是向其国籍国寻求救济。当该受到侵害的公民向其国籍国寻求救济时,该公民与侵害国之间的法律关系转换为该公民的国籍国与该侵害国之间的法律关系,即上升到两个国家之间。此时,该公民的国籍国就可以自由裁量是否对该不法侵害援引国家责任来维护本国公民的合法权益。

(五)和平解决争端

国际法产生的一个重要原因就是维护国际社会的和平,并将其作为自己的目标。由于国际社会已经排除武力解决争端的合法性,目前大体上争端解决方法有两类:一类是外交手段,另一类是司法裁判。外交手段是争端当事方自行或者在其他实体的帮助下通过采取谈判、协商、磋商等手段来解决分歧或者争端;司法裁判是指由完全没有利害关系的第三方通过仲裁或者司法判决的形式对所涉及的争端进行事实审查和法律审查后作出的裁决来解决争端。在此,主要探讨以外交手段的方式和平解决争端,《联合国宪章》第 2 条第 3 款规定,各会员国应以和平方法解决国际争端,避免危及国际和平、安全和正义。所以,通过外交手段来保护本国公民权益时,也应当遵守现代国际社会已经普遍接受和遵循的和平解决国际争端的原则。

(六)人权保护

人权保护,顾名思义就是指保护人与生俱来的各种权利,其强调以人为本。

---

① 参见《外交草案》第 42 条;《外交草案》评注第 307 页。

1948 年《世界人权宣言》问世，其强调每个人生来都是自由的，而且都平等地享有权利、受到尊重。随后，1996 年通过的《经济、社会和文化权利国际公约》、《公民权利和政治权利国际公约》和《世界人权宣言》一并成为国际人权宪章的组成部分，极大促进了国际社会人权保护的发展。人权原则已经成为国际法体系中不可缺少的一部分，并且在现代国际社会发挥着越来越重要的作用。由此，外交保护的基础理论也得益于人权原则的发展而随之不断扩大和发展。

在国际人本化趋势下，外交保护似乎要从一项国家权利向一项国家义务转变。有的学者认为，现在各国国内法开始逐渐认同国家有保护境外公民合法权益的义务，甚至有些国家的国内法已经将其规定为国家的一项义务。例如，我国《宪法》第 50 条规定："中华人民共和国保护华侨的正当的权利和利益，保护归侨和侨眷的合法的权利和利益。"第 89 条规定："国务院行使下列职权：……（十二）保护华侨的正当的权利和利益，保护归侨和侨眷的合法的权利和利益。"还有其他国家，比如 1948 年《大韩民国宪法》第 2 条第 2 款规定："国家有依法保护在外本国国民的义务。"1993 年《俄罗斯联邦宪法》第 61 条第 2 款规定："俄罗斯联邦给予在外的本国国民以保护和庇护。"因此，这些学者据此认为，外交保护的法律性质已经转变为国家的义务。此外，基于人权保护的需要，一部分学者提出，外交保护的最终目的是保护人权，国家既是权力和权利的主体，也是责任和义务的主体，作为保护人权的重要手段，外交保护已是国家的责任；另一部分学者从国家职能的角度也得出了相同的结论，外交保护应当作为政府职能，即保护人权是国家核心本质的必然结果，所以，国家理所当然有义务对个人实施外交保护。

然而，上述观点并不一定正确。关于第一点，国内法上的义务并不能等同于国际法上的义务，国家有义务保护本国国民，但并不是说必须要以外交保护的形式，还可以以其他方式进行保护；关于第二点，即使站在人权保护的角度上看，外交保护也并非每次都是最佳保护措施，对于人权的保护也要遵循当今国际法已经为各国所普遍接受和遵循的基本原则和做法，将外交保护作为一项权利仍旧是现代国际社会的普遍共识。目前来看，在人权法发展相对来说还并不完善的情况之下，仍旧应当遵循此规则。

四、外交保护的实施条件

（一）国籍持续

国籍持续是指受保护的对象必须具有保护国的国籍，而且必须是从遭受侵害时直至得到外交保护为止，持续的具有保护国的国籍。① 国籍持续原则体现在《外交草案》第5条规定中。

从概念中我们基本可以看出：首先，受保护的对象必须具有保护国的国籍，只有对本国公民国家才会予以外交保护。之所以强调受保护对象必须具有保护国的国籍，是因为外交保护的基础是国家的属人管辖权，只有具有保护国的国籍，国家才有资格或者权利去采取外交保护手段进行保护。

其次，受保护的对象必须持续的具有保护国的国籍，即国家行使外交保护的对象在遭受侵害时起直至得到外交保护为止，必须持续的具有保护国的国籍。这一规则在1955年国际法院的列支敦士登诉危地马拉案的判决中得到了肯定。这是因为国籍的持续性能够有效地防止个人通过改变国籍随意选择保护国。尽管如此，该项规则仍然存在瑕疵，当个人在因继承、结婚、收养等原因而真实地改变了国籍或者成为无国籍人的情况下，有可能会得不到任何国家的外交保护，因此不能排除国籍持续原则的例外情况。②

最后，在双重或多重国籍情况下，国籍国之间不能援引外交保护权。1930年《关于国籍法冲突的若干问题的公约》第4条规定，国家不得对同时拥有另一国家国籍的本国国民行使外交保护权。例如，在1912年的Canevaro案中，常设仲裁法院排除了意大利为同时拥有意大利和秘鲁国籍的个人针对秘鲁提起的外交保护。但是，任何国籍国均可向第三国援引外交保护权。③

关于国籍持续原则仍然存在一些空白地带或者说无法进行保护的情况，如无

① 参见王虎华主编：《国际公法学》（第4版），北京大学出版社2015年版，第132页。
② 参见张磊：《国家实施外交保护的国籍持续原则研究》，法律出版社2012年版，第51页。
③ 参见王虎华主编：《国际公法学》（第4版），北京大学出版社2015年版，第133页。

国籍人和难民的权益保护问题，在涉及外交保护方面时，由于传统国际法对外交保护中的国籍的要求相对来说较严格，因此，会使无国籍人和难民的权益在受到侵害时无法求得外交保护。

其中，无国籍人没有国籍，是指不具有任何国家国籍的人或根据任何国家法律都不认为是其公民的人。由于不符合外交保护最重要的条件，因而他们就没有可以取得国际法利益或者获得权益保护的联系点，故此，他们的权益在很大程度上是不完全的，并且在他们的合法权益遭到侵害时，也无法根据有关的国际法获得相应的保护。从1951年《关于难民地位的公约》和1967年《关于难民地位的议定书》中对于难民的认定上来看，难民由于担心受到迫害而不能或不愿受国籍国的保护或返回国籍国。因此，难民实际上处于一种与原国籍国断绝国籍关系的状态，这也使难民在外交保护中无法满足国籍原则。因此，就造成了“在国际法上没有国家会保护他们的权益，没有国家有义务保护他们，没有国家有责任接受他们”①的情形。

随着人权法的发展，国际法对个人权利的保护也日益突出，对无国籍人和难民的保护在当代的国际法中突破了传统国际法国籍持续原则的严格条件。尤其是联合国国际法委员会在《外交草案》第8条对无国籍人和难民在外交保护制度方面有了新的突破，其规定无国籍人和难民也可以适用外交保护，即在发生特殊情况时，难民和无国籍人只要在受害之日至正式提出救济期间，在一国国内有合法且惯常的居所，该国即可为这两种人提供外交保护。②《外交草案》的该规定体现了当代国际法在无国籍人和难民权益保护领域的新发展，这是对个人权利保护的又一大进步。绝大多数国家对《外交草案》第8条规定基本上都是持认同的态度，例如，荷兰评价道：“该条款是朝着正确的方向迈出了一步。”以挪威为代表的北欧国家对联合国国际法委员会出台该条文表示欣赏，并赞称道“能够向这些弱势群体提供外交保护极为重要”。结合1951年的《关于难民地位的公约》和1967

① ［英］詹宁斯、［英］瓦茨修订：《奥本海国际法》（第1卷）（第2分册），王铁崖等译，中国大百科全书出版社1998年版，第161页。

② 参见《外交草案》第8条。

年颁布的《关于难民地位的议定书》中对难民的认定,《外交草案》的突破有助于国际法的长足良性发展。当代国际法在外交保护制度方面对无国籍人和难民作出的特殊规定,充分体现了国际法在发展过程中更加重视对个人尤其是弱势群体权利的保护。

(二)国家的国际不法行为侵害

前文提到关于国家责任的要素构成有三,其中有两项要求责任国违反义务,存在不法行为或不作为并产生了损失或损害。因此,外交保护除国籍持续原则外,另一个很重要的事实依据就是侵害国必须实施了国际不法行为并对受保护公民造成了损害,只有这样外交保护才能援引国家责任来维护受保护公民的合法权益。

目前,国际法中尚未有关于国家责任的具有强行法性质的国际公约,2001 年联合国国际法委员会通过的《国家对国际不法行为的责任条款草案》对国家虽然不具有强制约束力,但是对于研究国家实施的国际不法行为具有较大的参考意义。

1. 可归责于国家的行为

(1)国家单独行为

国家单独行为可以分为行使国家权力的行为、特殊的私人行为以及国家追认的行为。

第一,行使国家权力的行为。行使国家权力的行为包括国家机关的行为、国家官员的行为和国家授权的行为。国家是一个拟制的实体,它本身并不能产生任何行为,国家意志及行为是通过国家设立的国家机关或官员的行为来体现和产生的,因此国家机关或官员履行职能的结果要归属于国家。需注意的是,这里的国家机关应作广义的理解,《国家对国际不法行为的责任条款草案》第 4 条第 2 款规定,机关包括依该国国内法具有此种地位的任何人或团体。也就是除机关之外,还包括与国家机关具有同等地位的任何人或团体,除能够代表国家履行职能的国家机关和官员之外,还有依据本国法律授权的实体。例如,1602 年成立的荷兰东印度公司虽然是一个企业，但是经过荷兰政府授权之后就具有了国家职能，该公司对外进行的殖民掠夺就应视为荷兰的国家行为。无论国家机关、国家官员的行为还是国家代理人的行为是否超越权限，在国际法上均由国家作为一个实体对其负责，国家不能以这些行为超越权限为由主张免责，这也是国际法的基本原则之一。

第二，特殊的私人行为。大部分私人行为不能代表国家的意志，但若自然人为国家意志的工具，即在国家的指挥或者控制下实施行为，那么该行为也就成了国家的行为，行为的结果也应由国家来承担。美国曾指使公民在尼加拉瓜的科林托安放水雷，这一行为虽然是由私人完成的，但由于其是受美国的指挥，故应当将布置水雷这一非法使用武力的国际不法行为归于美国，由美国承担责任。

第三，国家追认的行为。国家追认的行为既包括新政府对先前行为的追认，也包括现任政府将某一行为确认为自身的行为。新政府成立之后，应当对政府成立之前的行为承担责任，因为政府成立之前的行为与新政府的成立具有不可分性。对于国家将一行为确认为自身行为，仅仅有认可的意思表示是不够的，要构成国家的追认还必须由国家以实际行动来表示。例如，在 1979 年伊朗的学生劫持美国大使馆工作人员的案件中，学生的行为完全是私人的行为，绝对不构成国家行为。但是，伊朗政府不仅支持学生的行为，而且还发布了国家令以实际行动予以认可，这样伊朗政府就以追认的方式将私人行为变成了国家行为。

(2)国家多方行为

国家的多方行为主要有帮助、胁迫以及控制三种类型的行为。一国对另一国的控制，历史上主要表现为国家间的附属关系以及占领与被占领的关系，但这样的关系在今天几乎不存在。胁迫行为规定在《国家对国际不法行为的责任条款草案》第 18 条，说明历史上曾经发生过这样的行为且引起了国际上的重视，但是在当今世界很难找出一国胁迫另一国行为的案例。帮助行为在《国家对国际不法行为的责任条款草案》中也有所体现，一国帮助其他国家实施国际法所禁止的行为，应当承担相应的国家责任。但是如果援助国的帮助活动并未违反禁止性的规定，即使其提供了协助，也不承担国际责任。

2. 国际不法行为

就“国际不法行为”这一概念本身而言，此处的“不法”内涵更准确的表述应该是“违法”。违法一直是与义务相关联的，有权利不去行使是一种自由，但是有义务不去履行就是对法律的违反，就要承担相应的法律后果。同样地，国际上的不法行为，等同于国家的行为违背了应承担的国际义务。换言之，讨论国际不法行为，实质上就是在讨论国家行为是否违背了现有的国际义务。国际义务可以分为对人类社会的整体义务和国家与国家之间的特定义务。当一国因违反特定义务侵害了他国公民的权益，受害公民可以向国籍国请求外交保护，追究加害国的国际责任。那么当一国违背对整个人类社会应当承担的义务，就外交保护而言，是不是也要对所有国家承担责任呢？答案显然是否定的。因为外交保护不仅要考虑加害国违背了国际义务，也要考虑公民权利是否受到实际侵害。例如，破坏和平罪，甲国对乙国发动侵略战争，并未对其他国家造成实际损害，那么他国公民就不能以甲国实施了国际不法行为请求国家行使外交保护权。但是乙国的公民如果因甲国的侵略遭受损害，该公民就可以请求乙国行使外交保护，以追究甲国的责任。所以，无论是违反了国际的整体义务还是违反了一国的特定义务，都应该以本国公民遭受实际损害为前提，否则即使存在国际不法行为，国家也无法行使外交保护。

另外，国际法上的义务会存在新增和废止的情况，在处理国际法问题时，自然就会涉及国际法的溯及力问题，而不得追溯追责在国际法上是一项基本原则。《国家对国际不法行为的责任条款草案》分别规定了没有持续性的国际不法行为和具有持续性的国际不法行为，对于没有持续性的国际不法行为，不得追溯原则具有重要的意义。例如，一个行为在作出时，国际法没有禁止性的规定，当国际争端发生时，国际上出台了相关的禁止性规定，此时就不能用新规定来评价该行为。国际法对国际整体义务有统一的普遍规定，国家对彼此所负的特定义务却是千差万别，因此，想要穷尽国际法上的义务是不可能的。在遵守国际习惯和国际原则的前提下，国家之间以条约或其他方式来约定给对方或者多方什么样的权利和义务是可行的。

3. 实际损害

认定国家是否需要承担国际责任,在确定一个国家的行为是否违反国际义务之后,还需认定公民是否因此遭受实际损害。下文拟以著名的“许佛罗求偿案”为例,具体论述实际损害的认定。

许佛罗是一名法国公民,第一次世界大战期间被英国怀疑为间谍而被捕,并被英国囚禁在土耳其的战俘营里。后来他请求与法国军官取得联系,法国大使与英国大使联系之后,许佛罗被获准移交给法国军官,直到第一次世界大战结束,许佛罗才重获自由。法国政府因此向英国政府提出求偿,1930 年,英法两国将争端提交常设仲裁法院申请仲裁。首先,英国作为国际法上的主权国家,以国家名义囚禁了法国的公民,是一种国家行为;其次,能否进行外交保护要看这种国家行为是否违法,英国在战争时期有权利排除对自己不利的因素,英国怀疑许佛罗是间谍而将其逮捕并无不当,但是英国却没有证据证明其对许佛罗是否进行了严格的审讯,与“怀疑必须经过严格的审讯”不符。所以英国囚禁许佛罗的行为是国际不法行为且对许佛罗造成了严重的实际损害,符合外交保护中“遭受国际不法行为侵害”的条件。

(三)用尽当地救济

1. 用尽当地救济含义

“用尽当地救济原则”已经成为国际社会公认的习惯国际法,很多学者都对此进行了论述。例如,奥本海在《奥本海国际法》中写道:“国际法庭将不受理一国代表本国人而提起的国际求偿,除非该外国人已经用尽有关国家内可以利用的一切法律救济手段,这已是一条公认的规则。”①根据习惯国际法,在诉诸国际机制、提出求偿或抗议前,当地国家所能提供的救济须予以用尽。暂且无论用尽当地救济是实体规则还是程序规则,用尽当地救济的目的既在于使在其法律秩序下发生错

---

① [英]詹宁斯、[英]瓦茨修订:《奥本海国际法》(第 1 卷)(第 2 分册),王铁崖等译,中国大百科全书出版社 1998 年版,第 414 页。

误的国家能够有机会纠正错误,也在于减少可能提起的国际求偿的数量。此外,还有一个因素就是不在外国司法体系运行之前抢先救济是为了体现对外国主权和司法管辖权的尊重。① 根据联合国国际法委员会《国家对国际不法行为的责任条款草案》第 44 条规定,在下列情况下不得援引另一国的责任:其一,不是按照涉及国籍的任何可适用的规则提出要求;其二,该项要求适用用尽当地补救办法规则,却未用尽可利用的有效当地补救办法。②

在外交保护中,“用尽当地救济原则”是指一国公民在国籍国境外如果认为其合法权益受到侵害,就必须利用当地提供的任一救济方法,包括司法、行政和立法等诸方面的救济方法,直到用尽这一切方法之后其国籍国才可以为该公民行使外交保护权。联合国国际法委员会《外交草案》第 1 条第 1 款规定:“一国对于其国民或第 8 条所指的其他人所受的损害,在该受害人用尽一切当地救济之前,不得提出国际求偿。”第 1 条第 2 款对当地救济进行了定义,即“当地救济”是指受害人可以在所指应对损害负责的国家,通过普通的或特别的司法或者行政法院抑或机构获得法律上的救济。③

2. 用尽当地救济合理性分析

关于用尽当地救济原则的优先适用性有种种合理理由,从国内外的著作来看,可以归纳出以下八项:④第一,一个国家内的外国居民在寻求该国以外的协助之前,应该先求助于当地法院,这反映了通常发生的而且在法律制度正常运行时应当发生的情况;第二,在要求一个国家在国际上为自己的行动承担责任之前,必须给国家以机会,用该国家自己的方法在其法律体制内对外国人所受的任何不法侵害行为予以救济;第三,在当地救济方法没有用尽之前,就没有确实地发生拒绝

---

① 参见[英]马尔科姆·N. 肖:《国际法》(第 6 版)(上),白桂梅、高健军等译,北京大学出版社 2011 年版,第 647 ~ 649 页。

② 《外交草案》评注,第 305 页。

③ 参见《外交草案》第 1 条。

④ 参见[英]詹宁斯、[英]瓦茨修订:《奥本海国际法》(第 1 卷)(第 2 分册),王铁崖等译,中国大百科全书出版社 1998 年版,第 414、434、435 页;[韩]柳炳华:《国际法》(下卷),朴国哲、林永姬译,中国政法大学出版社 1997 年版,第 221 页;邹立刚:《试论国际法上的用尽当地救济规则》,载《法学研究》1994 年第 5 期。

公正的事实;第四,由当地法院对事件进行初步调查要方便得多,应当允许直到最高级的当地法院有机会这样做;第五,应该把个人进入某个国家的行为视为其愿意接受该国国内法约束的意思表示;第六,国际社会各国相互平等,应该相互合作,因此有必要相互信任对方国家的国内救济程序;第七,如果损害是由个人或者下级官员所致,必须用尽当地救济以确定该不法行为或者拒施公正是国家的有意行为;第八,主权和独立是所在国有权要求其法院不受干涉并确认其有司法能力的根据。①

3. 用尽当地救济的具体要求

用尽当地救济原则,顾名思义就是要首先利用当地的救济手段进行救济,其次在当地的救济手段都用尽之后才能寻求国籍国的外交保护。

当一公民在国籍国境外的合法权益受到侵害时,按照现在的习惯国际法的规定,当事人不能立即寻求国籍国的外交保护,其应当先向实施侵害行为的国家内的救济机构寻求救济,必须将当地可适用的所有司法、行政救济程序包括上诉程序经过正确和充分的使用后,直至最高法院或最高主管机构最终决定后,才算达到用尽当地救济的要求。并且,如果未符合当地诉讼法规定的程序中所要求的必要条件,例如,未能传讯证人,提供必要文件、证件等,均属于未能用尽当地救济。例如,在"安巴著洛斯案"中,1919 年 7 月 17 日,希腊国民尼科拉斯·尤斯塔赫·安巴蒂洛斯和英国政府签订了购买 9 艘蒸汽船的合同,这批船当时还在建造之中,总购价 2215 万英镑。从 1919 年末到 1920 年中,英国向安巴蒂洛斯交付了 7 艘船,比原定日期稍迟了一些。由于当时货运费大大下降,安巴蒂洛斯得不到预期利润,由于无力交付全部购船费,他只好把船只抵押给英国航运管理局。1921 年,他因身负巨债,在伦敦的高级法院海事分院被控告。诉讼中,他特别强调尽管购船合同上没有详细写明交船日期,但对此曾有过口头协议,由于英国方面延迟交货,使他受到了相当大的损失,但他没有请当时代表英国政府同他谈判的白利安·拉英市长出庭作证(因为他不能确定拉英市长会提供什么样的证明)。在其

① 参见殷敏:《外交保护法律制度和中国》,上海人民出版社 2010 年版,第 107 页。

后的几年里希腊政府通过行使外交保护权，代安巴蒂洛斯向英国政府提出诉求。1955 年 2 月 24 日，英国和希腊政府签订了一个仲裁协议，约定成立一个由 5 名仲裁员组成的仲裁委员会解决此项争端。仲裁委员会经过审理认为：安巴蒂洛斯尚未用尽当地法律救济方法，地方救济不仅包括法院和法庭，还包括国内法中规定的诉讼程序便利；在国家作为其国民的保护人在国际法庭提出请求前，被告国国内法规定的整个法律保护制度都应受到检验；1922 年，在英国初审法院进行的诉讼中，安巴蒂洛斯没有请求重要的证人拉英出庭作证，这也是他未用尽适合于他的地方救济手段。仲裁委员会在 1956 年 3 月 6 日作出裁决，安巴蒂洛斯未用尽英国法上的救济手段，驳回希腊提出的 800 万英镑的偿还要求。因此，"当地救济"的内容不仅包括向法院和裁判机关起诉，而且还包括国内法为在这些法院和裁判机关面前的诉讼人提供的各种程序性设施。在仲裁委员会看来，只有当某些程序手段为国内法院确定原告的案件所必需时，没有利用这些程序手段才可以被接受为构成用尽当地救济的一个缺口。①

4. 用尽当地救济的例外②

用尽当地救济的例外，国际社会实践中主要包括以下几种。

(1) 当地救济被视为用尽的情形

当地救济被视为用尽主要是外国学者经常援用的观点。他们一般认为，当地救济的办法明显达不到程序公正的要求或者由于相同案件中已有不利的决定，因此求助当地救济也无济于事或者侵害行为构成了对外国人本国的直接侵害，此时国籍国自己主张独立的请求。

(2) 拘留国拒绝司法

一般而言，由于外国人自身原因而未用尽当地救济，如诉讼时效过期、中途撤诉、不出庭等，这时所在国不承担责任。但是，如果是因为所在国拒绝司法而使外国人不能利用或不能用尽当地救济，则当地救济无效，从而产生国家的国际责任。

① 参见[英]伊恩·布朗利：《国际公法原理》，曾令良、余敏友等译，法律出版社 2007 年版，第 545 页。

② 参见殷敏：《外交保护法律制度和中国》，上海人民出版社 2010 年版，第 108～114 页。

“拒绝司法”的含义在《多边投资担保机构公约》第 11 条(a)中有较完整的表述，“东道国政府不履行或违反与被保险人签订的合同，并且(a)被保险人无法求助于司法或仲裁机关对其提出的有关诉讼作出裁决，或(b)该司法或仲裁机关未能在担保合同根据机构的条例规定的合理期限内作出裁决，或(c)虽有这样的裁决但未能执行……”在上述拒绝司法的情况下，多边投资担保机构可代位向东道国索赔，东道国应承担赔偿责任。

(3)所在国放弃用尽当地救济

要求外国人用尽当地救济是所在国的主权权利，也是国际法对所在国的属地管辖权的维护和尊重。但如果所在国自愿放弃这种权利，无论此项放弃是在争议发生前还是在争议发生后，都可以排除用尽当地救济规则的适用。例如，1923 年墨西哥与美国《关于设立特别求偿委员会的条约》第 6 条规定：“墨西哥政府同意，委员会不应适用这样一个一般国际法原则而否认或拒绝任何请求，这个一般原则就是用尽当地救济是任何请求有效的先决条件。”这说明墨西哥政府已经明示放弃了要求美国人优先适用墨西哥的国内救济办法。因此，在墨西哥的美国侨民遭到墨西哥的非法侵害时，美国政府便可行使外交保护权而无须受害人首先用尽当地救济。

(4)条约规定排除适用

如果一项国际条约规定了用尽当地救济的例外情形，则当这种例外情况存在时，用尽当地救济原则也就排除适用。1965 年《解决国家与他国国民之间投资争议公约》第 26 条规定：“除非另有规定，双方同意根据本公约交付仲裁，应视为同意排除任何其他补救办法而交付上述仲裁。缔约国可以要求用尽当地各种行政或司法办法，作为其同意根据本公约交付仲裁的一个条件。”这说明只要公约的当事国同意按公约规定把投资争议交付仲裁解决，就可以认定东道国默示放弃了任何其他补救方法，当然也包括该国的国内救济办法，用尽当地救济规则也就不能适用了。但公约并不反对缔约国把用尽当地救济作为其把投资争议交付仲裁的条件。

《公民权利和政治权利国际公约第一任择议定书》第 5 条第 2 款规定：“人权

事务委员会在获悉个人已经用尽了当地救济之后,才可以审查个人申诉,但如果当地的救济办法之适用有不合理的拖延,则不在此限。"此处所称的"不合理拖延"之确定只能由人权事务委员会根据个案的具体情况来判断。人权委员会在其1981年报告中建设性提出了适用该例外规则的标准:适用于刑事案件;审理过程过分冗长;被告在这个过程中被关押;这种过分拖延既非被告的原因,亦非案件本身的复杂所致。此建议说明,各国的国内司法机关在处理刑事案件中,如果审理过程过长,而这种过程的冗长与被告和案件本身无关,且在这个冗长过程中对被告采取了强制关押措施、限制其人身自由,就可以被认定为当地救济办法不合理的拖延,从而可排除它的适用。

(5)国际机构判定不适用

在实践中,有关的国际机构根据案件的具体情况可以判定不适用用尽当地救济原则。例如,在人权保护方面,人权委员会认为,当一个国家未对申诉者没有用尽当地救济提出反对时,就可认定被诉国放弃该规则的适用,无须审查申诉前是否用尽当地救济。因而欧洲人权法院(European Court of Human Rights)也认为,若是被诉国在人权委员会未对申诉者没有用尽当地救济提出反对,该国在欧洲人权法院就丧失了提出反对的权利。此外,在欧洲人权保护的实践中,若遇有按照《欧洲人权公约》第24条的规定即任何缔约国通过欧洲理事会秘书长,将对另一缔约国破坏本公约规定的任何指控提交至欧洲人权委员会。因此,国家指控的若是指在被控国存在许多个人的人权遭到侵害的明显情形,则欧洲人权委员会或欧洲人权法院亦可断定不适用用尽当地救济原则。美洲人权法院(American Court of Human Rights)也认为,当一个国家面临众多的指控并且已充分表明被指控者对条约(《美洲人权公约》)的违反已构成一种政治迫害情形时,如果获得最低限度的补救也没有可能,那么当地救济就应被推定为无效,从而无须再适用当地救济。[1]

---

① 参见余民才主编:《国际法专论》,中信出版社2003年版,第184页。

(6)一国对另一国直接实施的非法侵害

用尽当地救济规则只适用于涉及一个国家保护其国民的情形,而不适用于一个国家对另一个国家直接侵害的情形,不论在这种情况下是否有可利用的当地救济方法。

(7)《外交草案》对"当地救济规则的例外"的规定

联合国国际法委员会《外交草案》第16条规定了"当地救济规则的例外"。规定在下列情况下,无须用尽当地救济:当地救济不具有实现有效补救的合理可能性;救济过程受到不当拖延,且不当拖延是由所指应对损害负责的国家造成的;受害人与所指应对损害负责的国家之间没有相关联系,或者依据案情,用尽当地救济实为不合理;所指应对损害负责的国家放弃了用尽当地救济的要求。①

五、当代部分国家外交保护的实践

一些国家在国内法体系中,为公民寻求本国外交保护提供了司法救济渠道。学者沃米尔·昆兹利(Vermeer Kunzli)经过考证认为,一些国家的公民可以就政府是否依宪法义务履行了对本国人的外交保护进行司法诉讼,而且,国内法院也据此进行了审判和裁决。在具体执行方面,这些国家的法院认为,政府通过必要的外交途径寻求谈判解决以及通过抗议等方式以启动政府对某一事项的赔偿请求进行外交保护等,被认为是判断该国是否对本国公民启动及提供了外交保护的主要表现。②

目前,有关外交保护制度的立法和判例仍然局限于为数不多的国内实践中。一些有影响的大国国内法中还没有出现专门处理类似案件的司法判例,如中国、美国、俄罗斯等。本部分将就美国、英国、日本和印度有关外交保护的实践进行简要介绍。

---

① 参见《外交草案》第16条。

② 参见万霞:《外交保护制度研究》,外交学院2012年博士学位论文,第132~139页。

(一)美国国内法中的相关规定

据有关统计,在美国境外有选举权的美国侨民人数已达600多万。依据美国法律,在美国出生的人,或归化到美国国籍的人,都有权持有美国护照,成为美国公民。保护在外国的美国侨民的手段包括外交保护和领事保护,这是一个体系化、立体化的保护工作机制,涵盖立法、行政及司法各层面。在外国的美国公民自然会受到其所在地国的美国使领馆的保护,在特殊情况下甚至会受到美国的军事保护。

美国关于公民海外权益保护的法律主要体现在《美国法典》第8篇“外国人和国籍”和第22篇“对外关系与交往”中。《美国法典》“外国人和国籍”篇是从国籍及其一般原则的层面上规定侨民的保护问题。事实上,侨民保护的基础就是侨民的国籍问题,从美国立法来看,美国公民只要加入外国国籍,即有丧失美国国籍的“可能”。美国的《移民与国籍法》对此问题进行了具体规定:“美国的国民,不论是因为出生还是入籍而获此身份的,可以在有意愿放弃美国国籍的基础上,失去美国国籍。”美国与一些国家签有双边协议,规定本国公民可以具有对方国籍而不影响其原有国籍。因此,美国在一定程度上承认双重国籍。由于国籍代表着公民与国家的联系,规定美国国籍不自动丧失有利于最大限度保护美国公民海外的权益。

《美国法典》“对外关系与交往”篇具体规定了美国公民海外权益保护问题,较重要的条文是第1731条“保护海外归化美国公民”。该条规定“对于海外的归化美国的公民,政府应当对其人身和财产提供与基于出生取得美国国籍的美国公民相同的保护和协助”。第267条第(b)款“海外公民撤离”,规定“在海外的美国公民人身安全受到战争、局势动荡、自然灾害等威胁时,撤离美国政府官员及其亲属,撤离美国公民及第三国家公民……为此支付的费用不得超过合理限度”。美国《联邦行政法典》对美国保护海外公民的义务进行了专门规定,《联邦行政法典》第22卷第71.1条“保护海外美国公民”规定:“外交官员和领事官员应当按照国务院法规规章的规定,对海外美国公民进行保护。”第22卷第71.6条“协助受灾美国公民”规定“外交官员和领事官员应当尽全力对本辖区内的美国公民提供保护和协助。除海员救助或经过国务院特别授权，其保护和帮助支付的费用不得超出政府的有关规定”。

在美国的行政命令中，涉及海外公民保护的主要是1998年2月9日签署的第13074号行政命令，该命令主要规定在从海外受威胁地区撤离美国公民时，国防部应提供军事力量支持国务院的保护工作；1988年11月18日签署的第12656号行政命令规定：国务院在保护海外美国公民人身安全和维护公民财产利益方面负有主要责任，该命令第801条第10款规定，美国健康与人类服务部在联邦政府各部门、机构的协助下制订海外美国公民撤离和保护的行动计划和程序。第1301条第(2)(f)款规定国务院应采取措施保护、撤离海外美国公民、国民，维护其人身、财产安全，并应当为此与国防部、健康与人类服务部进行合作。

在美国国内法行政机构管理体制中，联邦政府机构还对保护职责进行了安排，如美国国防部3025.14号指令《从国外受威胁地区撤离美国公民和指定外国人员》以及2003年美国国务院领事事务局和美国司法部犯罪受害者办公室、联邦调查局签署的《关于为国际恐怖事件受害者提供协助的备忘录》等。

从美国的各项国内法律规定来看，美国保护海外侨民的主要负责机构是美国国务院。国务院设立领事事务局(Bureau of Consular Affairs,CA)，负责领事保护方面的工作。领事事务局设立海外公民服务处(Directorate of Overseas Citizens Services,CA/OCS)负责相关事务的执行。海外公民服务处的主要职能包括：负责与海外公民与家庭成员、朋友、国会官员之间的联络沟通；在遵守相关法律、法规、条约、公约和案例的前提下制定政策；提供领事协助；对海外公民进行管理等。海外公民服务处主要下设三个部门：美国公民服务和危机管理办公室(American Citizen Services Office,ACS)、儿童问题办公室(Children’s Issue Office,CI)、政策研究和机构联络办公室(Policy Review and Interagency Liaison Office,PRI)。这三个部门从职能分工角度来看，美国公民服务和危机管理办公室在死亡、逮捕、疾病等事件中，协助海外美国公民以及他们在国内的亲友；在交通事故、自然灾害、出现政局动荡时，负责撤离美国公民。除此之外，在非紧急情况和危机状况下，该办公室也对美国公民提供协助,如不动产、动产、选举权和送达司法文书以及寻找下落不明的公民等。美国公民服务和危机管理办公室是美国国务院具体执行机构中保护海外美国公民的主要机构。儿童问题办公室负责处理国际儿童拐骗和收养等问题,负责执行《国际诱拐儿童民事方面公约》和《跨国收养方面保护儿童及合作公约》,制定和调整政策,为处理国际儿童拐骗事件和国际收养政策提供指导等。政策研究和机构联络办公室主要负责政策制定,分析项目并制订计划,为起诉、立法、签订条约等提供法律分析意见,联络相关机构和团体等。

美国的驻外使领馆作为执行机构负有保护本国海外公民的职责,这方面的主要依据是美国参加和批准的国际条约,如《维也纳外交关系公约》《维也纳领事关系公约》等,以及国内法的相关规定。在实践中,美国的使领馆在侨民的外交保护和领事保护方面发挥了极其重要的作用。总体而言,美国的公民海外权益外交保护和领事保护的国内立法比较全面,既有联邦立法层次的一般规定,又有行政法规,还有相关行政命令。美国国内法还注重程序和操作事项。美国保护本国海外公民还创新性地安排了"民防队员体系"。它规定在《美国法典》"对外关系与交往"篇第4802条规定的"民防队员体系"(Warden System)中。Warden一词源于第二次世界大战时期用于提示社会大众发生紧急情况的"防控队员"(Air Raidwarden)制度,通常指的是自愿向领事馆提供信息的一些海外美国国民或公民,自愿成为美国民防队员。美国政府通过与其海外公民或国民签订一份民防队员备忘录,对各自的权利义务进行明确规定。一般而言,公民或国民提供此类信息是完全免费的,政府不会因此而支付其费用。通过民防队员体系,领事官员可以在紧急事件、危机或意外事件中尽快与该美国公民取得联系,并及时与相关机构沟通。

(二)英国国内法中的相关制度

目前,英国国内成文法中没有专门的外交保护制度的规定。但英国上诉法院受理的阿巴西及其有关人员诉外交与国务大臣案(Abbasi and Another v. Secretary of State for Foreign Affairs and Another),说明了外交保护与领事协助的意义及政府的义务和责任。在该案中,英国外交与联邦事务部声明,对于英国国民要求协助的请求,英国外交和领事官员会在得到通知的情况下依据请求提供及时、有效和合适的协助。在上述案件中,英国上诉法院严格考察了欧洲人权法院和人权法案的相关规定,得出了以下结论:欧盟范围内并没有规定国家必须给予本国国民外交保护的义务,外交保护仍是国家的一项权利,因此,英国政府保有是否行使外交保护的自由裁量权。①

英国上诉法院认为,在领事协助方面,英国的实践是比较充分和完善的。英国是《维也纳领事关系公约》的缔约国,英国也加入了该公约的强制争端解决程序的议定书。英国还通过大量的双边协议,确定了双边的领事协议。除此以外英国还通过《马斯特里赫特条约》第 20 条规定,给其他欧盟公民提供必要的领事协助。在实务方面,英国主要通过驻各国的使领馆为本国公民提供必要的保护和协助,如旅行建议、其他公开的文件如《被羁押的海外英国公民的领事协助》《在国外的监狱》《如果你没有得到国际人权标准的对待如何向当地权力机构要求必要的保护》等,这些文件在英国外交部的网站上都可以查到。在英国的国家实践中,无论是英国政府、英国法院,还是学术界,对外交保护和领事保护的认识经常有混淆和不一致的地方。这些保护性的行为也常常以"外交领事保护""外交行动""外交请求"等方式笼统存在。因此,具体是否是外交保护、领事保护,或者其他类型保护,还需要结合个案的事实及表征来最终确定。

(三)日本的相关国内立法和实践

日本宪法中,有多个条款涉及保护本国公民基本人权的规定。1947 年《日本国宪法》第 11 条规定:"国民享有的一切基本人权不能受到妨碍。本宪法所保障的国民的基本人权,作为不可剥夺的永久权利,现在及将来均赋予国民。"第 16 条"请愿权"和 17 条"国家和公共团体的赔偿责任"等条款规定,任何日本国民如受

---

① See Annemarieke Vermeer-Kunzli, *Restricting Discretion: Judicial Review of Diplomatic Protection*, Nordic Journal of International Law, p. 187 (2006).

到公务员的不法行为侵害，都可以向国家或公共团体提出赔偿的请求。该宪法第十章中更将“日本国民享有一切基本人权”作为“最高规范”加以重申和规定。近几年来，日本越发重视保护公民海外权益并不断加强、推进国内立法工作。2004年，日本制定了《国民保护法案》，作为保护日本公民的专门国内立法，该法对在武力攻击事态中有效应对武力攻击灾害，如何保护日本国民的生命、财产安全，将灾害对国民生活的影响减至最低，国家、地方公共团体应负哪些责任、如何采取避难、救援措施等事项作了具体规定。2005 年，日本内阁会议根据《国民保护法案》通过了《有关国民保护的基本方针》，根据基本方针的要求，日本外务省制定了详细的《外务省国民保护计划》。[①] 2004 年 3 月底日本国会参议院还通过了《警察法》修正案，对国内警察厅进行了大规模改组，加强了对海外日本公民保护的力度。该修正案规定，在可能发生恐怖爆炸等袭击时，警察厅有权直接指挥各都道府县的警察。此外，警察厅将新设外事情报部和组织犯罪对策部，一旦国外发生有日本人卷入的恐怖事件，国际恐怖主义对策科将组建国际恐怖特别机动部队，该部队将前往事发当地进行救援活动。

日本外务省在外交保护和领事协助事务中十分注重健全和完善海外国民保护预防体制。[②] 在外务省网站的主页上，“海外安全”一栏十分醒目，点击这一专栏，有大量的安全信息，其涉及世界各国最近出现的恐怖事件、各国政府发布的安全警告、日本政府的提醒等。

(四)印度的相关立法及实践[③]

印度海外权益保护的步伐是随着 20 世纪 70 年代石油工业繁荣，海湾地区急需大量的自由劳动力而兴起的。大量的印度人移民海湾地区，高峰时达到

---

① 参见王秀梅：《国际法人本化趋向下海外中国公民保护的性质演进及进路选择》，载《现代法学》2010 年第 4 期。

② 参见夏莉萍：《领事保护机制改革研究——主要发达国家的视角》，北京出版社 2011 年版，第 118 页。

③ 贾海清、盖蕾：《承认双重国籍：印度国籍立法的重大变化》，载《河北法学》2005 年第 9 期。

599,550人。20世纪90年代移民数量再攀高峰达115万人。对于海湾的劳工移民,印度政府一直比较关注,设有专门机构管理和保护劳工移民。印度政府对移民发达国家的新技术移民较早地采取了针对性措施,以吸引他们投身印度的经济建设。20世纪90年代末以来,印度政府开始采取大刀阔斧式的措施,加强本国侨民与国家的联系,增强国家与海外公民的凝聚力。

印度议会1983年颁布了专门的移民管理法律,随后印度政府制定了移民管理相关实施规定。其主要目的是管理和保护在70年代出去的那部分劳工的合法权益。印度移民管理法律规定:"要移民的所有公民须获得移民保护办公室和劳工部颁发的移民出入境许可证,并在护照上签注。在颁发出境许可证之前,移民保护办必须核查雇佣合同的内容及条件,以保证印度工人在工资及工作条件方面不被剥削。"同时,印度也对印度海外公民国际旅费、食宿费用及医疗保障等方面作了相应的规定。1955年印度宣布不承认双重国籍,但是随着海外印度人与印度的联系日益密切,不少海外印裔希望能拥有双重国籍。2003年1月9日,印度政府在新德里召开第一届海外印度人节庆祝大会,时任印度总理瓦杰帕伊正式宣布印度将实行双重国籍政策,并随后启动立法程序。印度双重国籍的详细计划随即公布,[①]核心意思是:允许部分海外印裔拥有双重国籍。根据这一政策,目前居住在美国、加拿大、英国、澳大利亚、新西兰和新加坡的印裔居民都有资格获得当地国家及印度的双重国籍。将双重国籍的范围限定在这6国,不仅是因为这些国家的印裔人数众多,而且也因为涉及的这6个国家都承认双重国籍。双重国籍只授予1947年后离开印度的印度人的第四代后裔,这些海外公民除拥有印度护照,不需签证可随时访问印度外,还可在印度做生意、工作和购买房产。但拥有双重国籍的海外印裔没有选举和被选举权,不能参军,不能担任某些特定的职位。2005年,时任总理曼莫汉·辛格宣布,只要其所在国法律允许双重国籍,印度对1950年1月26日之后移民海外的所有印度人都实施双重国籍政策。

---

① 贾海涛、盖蕾:《承认双重国籍:印度国籍立法的重大变化》,载《河北法学》2005年第9期。

六、外交保护机制的考察

(一)适用是否存在滞后性

如前所述,外交保护机制的适用条件包括侵害是由他国国家不法行为所致、国籍持续以及用尽当地救济。其中用尽当地救济原则是指被侵害者在用尽当地法律规定的所有救济措施,还无法维护被害人的权益时,才上升至国家层面,由国家行使外交保护。由此可见,外交保护机制属于一种事后的救济措施而非事前权益的保护性规定,这也就决定了其适用必然存在一定滞后性。

(二)革新是否存在可能性

任何一项机制,都是在不断发展与革新的,国际外交保护机制也不例外。纵观全球对公民海外权益保护的立法或制度背景,总体上呈现一种保护力度不断加强的态势,而在外交保护机制上,无论是保护范围还是保护手段,也应当会出现扩大和增加的趋势。但问题在于外交保护机制是国家层面上的外交干预,它是属人管辖权的重要体现,是国家的权利,如果过度行使这项权利,有可能会对他国的主权构成侵犯,或是成为某些大国实施霸权主义的手段。因此,外交保护机制革新的可能性关键在于在保护力度和他国主权之间寻求一个平衡点,即能否在加强外交保护力度的同时又不侵犯他国主权。

从革新方向来看,要加大外交保护的力度,理论上应该放宽对外交保护机制适用条件的限制。在笔者看来,其中最具可操作性、最易实现的,是对用尽当地救济原则的理解进行革新或变通适用。外交保护机制之所以要规定这样一个前提条件,主要是为了尊重他国的司法主权,避免外交保护的过度干预。但实践中,一国公民遭受他国国家不法行为的侵害,往往不能够利用当地救济获得有效处理。并且,如何界定是否已经用尽当地救济手段对于受侵害的当事人来说也是一个复杂的问题。当下外交保护机制革新可以调整国家介入的时间和方式,毕竟外交保护的前提是国家不法行为,以受害公民个人去对抗他国国家行为显然十分困难。

但如果国家提前介入，以受侵害者代理人的身份介入寻求当地救济的过程中，将能够为被侵害人的权益提供更有效的保护，而且也不至于侵害他国司法主权。

第二节　中国外交保护机制

一、中国外交保护机制的概况

（一）新中国成立之前的外交保护机制

中国公民涉足海外的历史比中国外交保护立法要早得多。“海上丝绸之路”早在秦汉时期就已经形成，“陆上丝绸之路”也早在汉朝就已经形成。当时的中国商人与“丝绸之路”沿线国家进行贸易往来。史书记载最早在秦朝时期就有中国人移居海外国家的实例，西汉史学家司马迁所著的《史记》就记载了秦朝的徐福带领3000人东渡日本。但是，当时中国人移居海外的规模不大，人数也不多。到明朝时期，郑和七下西洋在彰显国威的同时，对中国人移居海外产生了影响，吸引了很多中国人移居马来西亚、印度尼西亚和越南等东南亚国家，成为早期的华侨。到清朝时期，1712年和1724年清政府颁布了禁止海外贸易和移民的法令，①但是，由于当时政治黑暗，加之鸦片战争之后战争不断，帝国主义不断进行疯狂的经济掠夺，导致民不聊生，百姓萌生奔赴海外谋生的念头，因此，这时的中国人大规模移民海外。然而，清政府对于在海外定居的本国国民则认为其是“流民”而不予管辖，外交保护制度从理论到实践一直处于停滞状态，这种状态一直持续到清末。这时候清政府尚未对中国公民的海外利益进行任何保障，清末之前我国都尚未形成真正意义上的外交保护制度。

一直到了近代，中国与外国签订的条约中才出现了包含外交保护内容的规定。1860年的《中英北京条约》、《中法北京条约》和《中俄北京条约》是中国第一次从国际视角对海外中国公民进行外交保护的立法。如根据《中英北京条约（续

① 参见丘日庆主编：《领事法论》，上海社会科学院出版社1996年版，第17～18页。

增条约)》第5款的规定,即“戊午年(咸丰八年,1858年)定约互换以后,大清大皇帝允于即日降谕各省督抚大吏,以凡有华民情甘出口,或在英国所属各处,或在外洋别地承工,俱准与英民立约为凭,无论单身或愿携带家属一并赴通商各口,下英国船只,毫无禁阻。该省大吏亦宜时与大英钦差大臣查照各口地方情形,会定章程,为保全前项华工之意”。从该条款来看,清政府有权与英国制定章程,保护海外华工。1868年的《中美天津条约续增条款》,从该条约的主要内容来看,也包含了对赴美华人外交保护的内容。该条约共有8条,其关于外交保护的主要内容包括:对于领事特权与豁免权,中国与英俄两国在美国享有最惠国待遇;中国公民在美国不受宗教迫害;两国保障双方公民出入境自由、游历自由、久居自由;两国保障双方公民被对方强制出入境、运往他国的时候依法予以刑事处罚;两国保证给予对方公民在本国境内享有最惠国国民待遇。[①] 1869年清朝政府与奥匈帝国签订了《通商条约》,也包含了对海外中国公民外交保护的内容,如根据其第1款的规定,中奥两国商民可以在两国侨居,两国政府都有责任对其提供保护;根据其第43款的规定,中国商民在奥地利享有最惠国待遇。1874年清朝政府与秘鲁签订了《中秘会议专条》和《中秘友好通商条约》,也包含了对海外中国公民外交保护的内容:中国派人前往秘鲁调查华民情形,秘鲁应全力相助;若查确有华工受苦,由秘鲁地方官依法对雇主裁判;秘鲁给予华工最惠国待遇;若华工合同期届满,该工人如愿回国,应当严令雇主出资送回。[②] 1893年9月13日,清政府废除了施行近200年的“禁海令”,允许华侨回国,禁止侵害华侨合法利益。清政府还规定对有意愿回国的华侨颁发护照,华侨回国变得合法化,有利于对华侨实行外交保护。有人称赞此举“乃中国保护归侨之首倡”。1900年《中墨通商条约》被认为是中国自鸦片战争以来签订的第一个平等条约,该条约也包括对海外中国公民外交保护的内容:中国人在墨西哥利益同沾和享受法律平等五项条款。

清朝后期的中国仍是半殖民地半封建社会,清政府内要镇压革命,外要应对

① 参见刘国福:《移民法出入境权研究》,中国经济出版社2006年版,第243页。
② 参见刘华:《华侨国籍问题与中国国籍立法》,广东人民出版社2004年版,第62页。

帝国主义列强入侵,政局动荡,国力有限。所以,清政府与外国所签署的包含有外交保护内容的条约在保护海外中国公民上有一定的局限。然而,需要肯定的是,清政府曾经为保护中国海外公民进行了外交保护立法的努力。

辛亥革命取得胜利的背后有海外华侨发挥的重要作用。孙中山先生曾说的“华侨乃革命之母”就是最好的诠释。在武装起义中,海外华侨抛头颅、洒热血、捐身躯、照汗青。在辛亥革命中,海外华侨奔走呼号,慷慨解囊。辛亥革命胜利后,海外华侨还拥护孙中山领导的资产阶级革命派成立了中华民国,在人力、物力、财力等方面全力支持民国政府各方面发展。因此,民国政府从政治、经济到教育等各个领域制定了一些包括外交保护内容的法律法规。正是在这样的时代背景和立法背景下,1912 年 11 月 18 日以“中华民国元年法律第四十号”之名义正式颁布了当时的《国籍法》,并于 1914 年 11 月 30 日再行修正颁布。其采用了以血统主义为主,以出生地主义为辅的国籍原则。1929 年,南京国民政府再次修订并颁布《中华民国国籍法》,仍然坚持以血统主为主,以出生地主义为辅的国籍原则,华侨取得其他国家的新国籍后,仍可以保留中国的原有国籍。① 民国政府参加 1930 年订立于海牙的《关于国籍法冲突的若干问题的公约》(也称《海牙公约》)时,对其第 4 条提出保留,这样民国政府对于同时拥有中国国籍和他国国籍的华侨,可以不受该外国法律规定的影响,对华侨实施外交保护。1916 年北洋政府颁布《华工赴外工作章程》《地方官关于华工出境应尽事务章程》《通商事务员管理华工规则》共 3 章 20 余款,旨在规范外国赴中国招募华工程序,防止外国利用狡猾卑劣的手段如公开欺骗与拐卖坑害华工。1917 年 9 月,北洋政府颁布《侨工事务局暂行条例》,宣布成立直属国务院的侨工事务局,专门负责监督侨工的招募与保护。1927 年,国民政府设有工商部,主要负责华工出洋管理工作的有关事务。国民政府设立了侨务委员会,海外公民凭借华侨事务委员会确认登记的华侨登记证,可以申请中国护照和得到中国政府外交保护。1935 年颁布的《工人出国条例》共有 9 条,其规定了出国工人的雇佣条约要依侨务委员会制定的纲要签订,并经侨务委员会批

① 刘华:《国籍立法:华侨国籍问题与中国国家利益》,暨南大学 2003 年博士学位论文,第 40 页。

准;募工承揽人需获得侨务委员会特许执照后,方可招募。但是,民国时期的中国仍然是半殖民地半封建社会,国内政局动荡,军阀混战,民国政府很难有效执行这些包括外交保护的法律法规,为海外公民提供的外交保护是很有限的。

(二)新中国成立之后的外交保护机制

1949 年新中国成立后,正值以苏联为首的社会主义国家与以美国为首的资本主义国家两大阵营对峙的冷战期,国际形势十分严峻。为了巩固新建立的政权,防止外来敌对国家的颠覆,巩固和发展国际和平力量,扩大新中国的影响,在新中国成立初期我国采取了谨慎的中国公民外交保护政策。

1949 年通过的《中国人民政治协商会议共同纲领》起到了临时宪法的作用。根据其第 58 条的规定,我国政府应当保护国外华侨的正当权益。1954 年通过了《宪法》(也称"五四宪法"),其乃我国的第一部宪法。根据其第 90 条第 2 款的相关规定,中国公民有居住和迁徙的自由,即中国公民有移民海外的自由;根据其第 98 条的规定,我国应当保护国外华侨的正当的权利和利益。20 世纪 50 年代至 70 年代末,华侨主要集中地区的东南亚多国(越南、菲律宾、印度尼西亚等)均不同程度地采取限制和排斥华侨的措施。[①] 针对这些排华行径,为保护海外华侨的正当权益,我国政府出台了很多包含外交保护内容的相关规定。1950 年外交部《关于华侨受排斥及迫害问题处理意见》拟定了海外华侨受排斥及迫害时我国政府将如何进行保护的规定。1951 年 8 月公安部公布了《华侨出入国境暂行办法》,该办法共有 6 条,其主要内容是对华侨出入境进行明确规定,如规定出入境的华侨需要持有护照或签证等证明文件;规定归国华侨如果没有护照或签证等证明文件的,需要申请归国华侨证明书,以便人民政府对其进行必要的照顾。1952 年,时任中共中央对外联络部部长王稼祥主持起草了《中共中央关于海外侨民工作的指示》明确:当前我国侨民政策的中心点是"保护华侨正当权益,为华侨服务,收容被迫

---

① 参见夏莉萍:《领事保护机制改革研究——主要发达国家的视角》,北京出版社 2011 年版,第 280 页。

回国难侨”,团结海外华侨结成广泛的华侨爱国统一战线。[①] 后来,国家也在总体上对侨胞采取了相对灵活、宽松的政策,陆续出台了《土地改革中对华侨土地财产的处理办法》《关于侨汇及华侨投资的报告》《华侨申请使用国有荒山荒地条例》《关于处理回国华侨就业问题的指示》等护侨惠侨的法令和文件。[②] 1975 年通过了《宪法》(也称“七五宪法”),其乃我国第二部宪法。其第 27 条第 6 款的相关规定保留了国家保护海外华侨的正当利益的规定,但是其取消了 1954 年《宪法》第 90 条第 2 款关于“自由迁徙权”的规定,严厉管控中国公民移民海外。1978 年通过了《宪法》(也称“七八宪法”),其乃我国第三部宪法。其中第 54 条保留了国家保护华侨的正当权利和利益,且是第一次在《宪法》中明确规定国家保护“侨眷”的合法权益。[③]

1978 年,中国开始全面实行改革开放政策。为适应改革开放的需要,中国加快了政策调整,明确了中国政府保护侨民的义务和责任。1982 年《宪法》第 50 条规定:“中华人民共和国保护华侨的正当的权利和利益,保护归侨和侨眷的合法的权利和利益”,明确了国家应保护华侨、归侨的利益。1982 年《宪法》第 89 条规定:“国务院行使下列职权……(十二)保护华侨的正当的权利和利益,保护归侨和侨眷的合法的权利和利益……”国务院是保护侨民的主要负责机关,作为国务院的重要机关,中华人民共和国外交部、中国驻外使领馆对外具体负责保护的相关事务。1985 年我国制定了《中华人民共和国公民出境入境管理法》,从法律上进一步放宽了中国公民出入境的手续和政策。2000 年修订的《中华人民共和国归侨侨眷权益保护法》第 22 条明确规定“国家对归侨、侨眷在境外的正当权益,根据中华人民共和国缔结或者参加的国际条约或者国际惯例,给予保护”。2009 年 10 月,我国通过了《中华人民共和国驻外外交人员法》,该法大量条款涉及对外交人员的职

---

① 张秀明:《华侨权益保护政策法规的发展与完善》,载《人民日报(海外版)》2021 年 9 月 6 日,第 6 版。

② 葛丽君:《中国共产党海外统战工作的回顾与展望》,载《沈阳工业大学学报(社会科学版)》2021 年第 5 期。

③ 刘华:《国籍立法:华侨国籍问题与中国国家利益》,暨南大学 2003 年博士学位论文,第 91 ~ 96 页。

责和任务的规定,充分体现了我国政府对公民海外人身和财产安全的重视,体现了我国“以人为本”“执政为民”的理念在外交领域的具体落实。随着法律政策的放开,海外中国公民的数量不断增加。依据国务院侨务办公室《华侨华人分布状况和发展趋势》课题主持人庄国土教授的统计分析,早在 2007 年至 2008 年海外华侨华人人口总数就已达 4543 万,如今已近 5000 万人,其中亚洲约为 3200 万人、美洲约为 800 万人、欧洲约为 300 万人、大洋洲约为 180 万人、非洲约为 15 万人。东南亚人口占比已降至约 73%,北美、欧洲、大洋洲和日本、韩国等地的华侨华人数量增长较快。另据《中国国际移民报告(2015)》统计,侨居海外的华人华侨已有 6000 多万人,分布在世界 198 个国家和地区。因此,中国的国家安全也具有了比以往任何时候都更加丰富的内容,其中的一个重要问题就是如何保障不断拓展的中国海外权益。

目前,我国在 160 多个国家和地区设有使馆和领馆,其主要职责之一就是为中国海外公民提供各种各样的保护,包括外交保护和领事保护。2006 年,我国外交部建立了领事保护中心,国务院协调各部建立了部际联系预防应急反应机制。目前,我国外交部门每年处理超过 3 万起领事保护事件。从 2009 年开始,为打击针对海外商船的索马里海盗,中国派出了多批次军舰,在索马里附近海域护航。2011 年,面对中东北非乱局,中国政府积极行动,在短期内撤回了大量滞留在利比亚、埃及等地的公民。同时,外交部、商务部专门组成工作组,赴利比亚调查中国企业在冲突中的受损情况。中方希望利比亚方面能根据国际规则,妥善解决中方建设项目的受损问题。2012 年 3 月,刚果(布)军营弹药库发生爆炸,导致毗邻爆炸场地附近的北京建工集团施工工地多名中方人员伤亡。中国外交部、商务部、北京市政府办公厅、北京市政府外办、北京市商委、北京市国资委、北京建工集团等单位组成前方联合工作组,赴刚果(布)统筹协调善后处理工作,并敦促刚果(布)采取一切必要措施,积极救治中国伤员,妥善做好中方遇难人员的善后工作,并确保中方其他在刚机构、企业和人员的安全。事实表明,我国建立的海外安全应急保护机制已经在实践中发挥了重要作用。但该机制在运行过程中所积累的经验和暴露出的问题,仍然需要我们进一步总结和分析。

二、中国外交保护机制现状

(一)外交保护尚未引起理论界、实务界的重视

在我国保护中国公民海外合法权益的案例中,无论是官方公布,还是媒体报道,较多冠以领事保护的名义,缺乏冠以外交保护名义的案例。如中国领事服务网公布的“2014 年中国境外领事保护与协助案件总体情况”,这些案例都被冠以领事保护与协助案件,完全没有提及“外交保护案例”。我国相关政府机构于 2011 年 11 月正式开通了“中国领事服务网”,但是,外交保护相关网站至今没有建立。外交部于 2000 年就首次公布了《中国境外领事保护和服务指南》,并在 2003 年、2007 年、2015 年、2018 年先后进行了修改、更新。其对什么是领事保护、领事协助和领事服务有什么区别、中国公民在何种情况下可以请求领事保护等内容作出了明确的规定。领事司于 2006 年设立了领事保护处,并于 2007 年更名为领事保护中心。然而,外交保护的相关指南和相关机构至今没有建立。我国外交实践更注重领事保护制度,对外交保护的重视程度不够,从而对其理论研究和立法的重视程度不够,这也是我国外交保护存在上述法律问题的原因之一。我国理论界、实务界存在重领事保护制度、轻外交保护的倾向,外交保护机制尚未引起理论界、实务界的重视。

外交保护在中国学界没能引起学者的足够重视。我国目前只有很少几部关于外交保护的专项著作,且也是在完成博士学位论文的基础上形成的。在国际法教材中,关于外交保护的内容也仅仅停留在基本的概念层面,分析外交保护的条件时,也是浅尝辄止。关于外交保护的国内论文也有较大断层,在《外交草案》通过之后,国内关于外交保护的论文才逐渐多了起来,可见我国学术界对外交保护这一法律制度的研究仍是不够的。

(二)尚未完备的国内立法

当前,我国尚未有专门针对外交保护方面的法律法规出台,外交保护制度的

精神仅仅在一些法律条文或者规定中有所体现,但其并非真正意义上的外交保护。国内立法层面的空白使中国外交保护机制面临"无法可依"的局面,这必然会使外交保护机制在公民海外权益面临侵害时存在适用障碍。

(三)欠缺外交保护的法律实践

在外交保护的实践方面,我国多以谈判、协商的政治方法对公民进行外交保护。谈判、协商有利于快速解决争端,也利于得到当事国很好的执行,其在保护中国公民海外权益方面具有重要作用。2013 年 3 月,在巴哈马的 4 名中国员工失踪,中国驻巴哈马使馆向巴哈马外交部通报了这一情况并请巴哈马政府全力协助救人。这次营救中国公民的行动,充分展示了政治方法在外交保护方面的优势。但是谈判、协商的结果多以牺牲实质公平为代价,不能保证公民受到的损失得到合理赔偿,而通过法律手段通常可以得到一个合理的结果。因此,我国在注重运用政治方法的同时,也要利用法律方法保护中国公民海外的合法权益。

(四)执行上的困难

众所周知,外交保护在我国主要由外交部和驻外使馆负责具体执行。相对于我国数千万的侨民、众多的涉外投资法人,外交部门的人手和经费都是有限的。特别是我国的驻外使馆,通常只有几十人,甚至在有的小国只有 1 人。在人手和经费双重紧张的情况下,如何能够给身处异国他乡的本国国民提供及时充分的外交保护,是我国外交保护存在的一个难题。外交保护相关工作人员和经费的匮乏使我国外交保护制度在具体落实执行时存在困难,这必然不利于中国公民海外权益进行有效保护,不利于我国外交保护机制的发展完善。

第四章　中国公民海外安全的领事保护

第一节　国际领事保护机制

一、领事保护的概念界定

"领事保护"是否是一个专门制度,这在《维也纳领事关系公约》中并没有作出专门规定,在国际法上,对于领事保护也没有清晰的概念和界定。尽管"领事保护"是我国理论和实践中应用非常广泛的一个概念,但从我国的《领事保护与协助工作条例(草案)》征求意见稿到我国外交部发布的指南,以及学术界的各种论文,各种关于领事保护的表述含义不同,内容不一,很多时候指的并不是同一内涵。[①] 在国际法律层面,对于领事保护的阐述大多以列举其职务的方式进行,并未对其概念予以明确定义。我国尚未有相关的立法对其进行明确,但在领事交往实践中,

---

① 参见谢海霞:《领事保护制度的新发展》,载《国际法学刊》2020年第1期。

领事保护具有狭义和广义两层含义。①

狭义领事保护,是指为保护本国国民的人身权与财产权免受侵害,该国领事官员应当在本国国民合法权益受损时采取相应行动,同他国进行交涉。例如,印度学者B.森通过领事职务这一切入点,对领事保护的内容进行描述,以此界定"领事保护"的概念。从他所论述的内容可以看出,其所定义的是典型的狭义领事保护。B.森认为领事职务的内容是多样性的,领事职务总的宗旨在于保护本国及国民的利益,具体包括促进和保护本国在他国的商业贸易顺利发展、为本国国民提供必要的协助、办理相关文件和手续。领事保护则是领事众多职务中的一个小点,具体而言是指当本国国民在他国受到不法侵害,或者因突发灾难遭受损害,或者被司法机关限制人身自由时,领事官员应当采取行动,与相关当局进行交涉,以维护本国国民的合法权益。②

广义的领事保护则认为,驻外使领馆官员向派遣国国民提供必要的帮助和协助也属于领事保护范畴。③ 例如,苏联著名的国际法学者童金曾对领事保护概念作出具有代表性的阐述,其在著作《国际法》中指出,他认为领事保护除上述印度学者所阐述的内容外,其外延还包括一些协助和帮助等服务性质的领事功能。同时他还强调了领事保护的行为应当在国际法原则、国际公约、国际习惯以及国内法等认可的框架内实施,其本质在于要求领事保护行为本身要合法合理,不能逾越法律红线。④ 此外,著名的国际法学家奥本海在其著作《国际法》中采用了列举法,详细列举概括了领事的四项具体职务:促进贸易、监督交通、领事保护、公证职务,其在其书中对领事保护又作了详尽的阐述。⑤

在《维也纳领事关系公约》及我国签订的相关双边领事条约中,都承认具有领

---

① 参见颜梅林:《海外中国公民领事保护的法律依据研究——兼评〈领事工作条例〉(征求意见稿)》,载《华侨华人历史研究》2013年第4期。

② 参见[印度]B.森:《外交人员国际法与实践指南》,周晓森等译,中国对外翻译出版公司1987年版,第203~208页。

③ 参见殷敏:《外交保护与领事保护的比较研究》,载《国际商务研究》2008年第4期。

④ 参见[苏]童金主编:《国际法》,邵天任等译,法律出版社1988年版,第286~287页。

⑤ 参见[英]奥本海著,[英]詹宁斯、[英]瓦茨修订:《奥本海国际法》(第1卷)(第1分册),王铁崖等译,中国大百科全书出版社1995年版,第123~124页。

事保护职能的官员有权给予派遣国国民必要的帮助和协助。当派遣国国民在领区内,其财产权或人身自由遭受侵犯时,领事官员可与该国民会见,并向其提供帮助和协助,或向领区请求协助。这种帮助和协助包括:提供相关资讯、领事认证、法律协助以及必要的物资援助等。

中国领事服务网关于领事保护的定义是,领事保护是指派遣国的外交领事机关或领事官员,在国际法允许的范围内,在接受国保护派遣国的国家利益、本国公民和法人的合法权益的行为。以我国为例,当中国公民、法人的合法权益在驻在国受到不法侵害时,中国驻外使领馆依据公认的国际法原则、有关国际公约、双边条约或协定以及中国和驻在国的有关法律,反映有关要求,敦促驻在国当局依法公正、友好、妥善地处理。领事保护还包括我国驻外使领馆向中国公民或法人提供帮助或协助的行为,如提供国际旅行安全方面的信息、协助聘请律师和翻译、探视被羁押人员、协助撤离危险地区等。[①] 因此,我国官方对领事保护的解释倾向于广义层面。但是我国学者在理论上又对领事协助、领事服务与领事保护作出了严格区分:当中国公民在他国由于自身原因而陷入困境时,对其提供的帮助则称为领事协助;当身处异国他乡的中国公民因缺乏某些证明文件以及类似文书时提供领事服务;当中国公民的人身权益以及其他合法权益遭受损害时,领事官员则对其进行领事保护。对领事保护的界定,本书倾向于狭义的领事保护,依据我国领事保护实践,领事保护、领事协助以及领事服务存在较大差异。

领事保护主要表现在:如若接受国发生紧急情况,领事官员则可协助海外公民进行撤离。例如,接受国发生武装冲突或自然灾害等危险覆盖面较广的事件时,领事机构可向处于该接受国的公民发布紧急通告并采取相应的措施,以帮助本国公民予以安全撤离。如若海外公民发生个人权益遭受侵害事件时,公民可向接受国的领事官员请求领事保护。如公民因涉嫌违反接受国法律,致使人身自由遭受限制时,领事官员享有领事通知权等。

---

① 参见《领事常识——七、什么是领事保护?》,载中国领事服务网,http://cs.mfa.gov.cn/gyls/lscs/201106/t20110615_876395.shtml。

综上,领事保护具体,是指当一国公民在他国已经遭受损害或者遭受严重损害威胁时,有关领事保护的机构和人员应当根据国际法原则、国际公约、双边条约等规定的内容在合法合理的范围内,与主管当局进行交涉,或者采取其他措施,以保护本国公民的合法权益的行为。应当注意的是,其并不包括办理证件、进行登记等公民的权益未受到损害或损害威胁的情况下作出的领事服务。

二、领事保护的历史

伴随国际交往的日益密切,作为国家对外交往工具的领事制度应运而生,也备受各国重视。领事制度的渊源可追溯至古希腊以及罗马时代。早在公元前六七世纪,古希腊的城邦中就出现了负责外交事宜的专员——“外国代表人”。此类专员的职责范围包括:为本国国民提供法律援助、保障国民对外的经济往来、协助接待他国外交人员、受邀斡旋派遣国与驻在国之间的国际争端等。综上所述,一些历史学家认为,古希腊的“外国代表人”存在现代领事的影子,两者具备一些共同点。因此,该制度可认为是领事保护制度的渊源之一。作为具有国际法意义的领事制度,主要产生于中世纪后期。由于意大利地理位置便利,国际贸易往来密切,因而国际商事纠纷频发,纠纷的解决者便由此产生。伊始,该“解决者”具有临时性,伴随实践发展,渐渐地被职业化、固定化,随即产生“商人仲裁领事”。由于军事扩张行动不断,“商人仲裁领事”的职责与权限被逐步强化,领事裁判权由此形成。后来,这样的领事职业又被传播到了西欧。意大利15世纪时曾在荷兰和伦敦设立领事,[①]16世纪政府开始委派领事官员,到17世纪时,由于当时的外交使团十分盛行,各国普遍习惯于建立外交使团,领事因此逐渐地被冷落,继而淡出人们的视野。18世纪中后期,由于第一次工业革命开展,资本主义飞速发展,经济的发展带动政治进步,领事制度一度沦为帝国主义“开疆扩土”的工具。但上述违反国际法基本原则的不平等的领事制度已成为历史。[②]

---

① 参见[英]詹宁斯、[英]瓦茨修订:《奥本海国际法》(第1卷)(第2分册),王铁崖等译,中国大百科全书出版社1998年版,第559页。

② 参见邵津主编:《国际法》,北京大学出版社2014年版,第272~273页。

我国海外领事保护工作经历了两个阶段[①]：第一，1949 年中华人民共和国成立至 1978 年改革开放前，中国的海外领事工作处于起步、探索时期，这一时期的领事保护工作的主要对象是海外华侨。第二，1978 年 12 月，中国共产党第十一届三中全会作出了将全党工作的重点转移到社会主义现代化建设上来的战略决策。而随着改革开放政策的逐步实施，中国公民和企业“走出去”的步伐不断加快，中国政府面临的领事保护工作形势发生了巨大变化，任务不断加重。此时，我国的领事保护工作进入了形势和任务大发展时期。

三、领事保护的理论基础

关于领事保护的理论基础，很少有人去探讨，大多将之简单概括为属人管辖权。基于主权的属人管辖权虽然构成了领事保护的基础，但难以解释领事保护的推动因素、标准和依据等，对于现代领事制度而言更是如此。[②]

（一）属人管辖

从国际法的观点来看，作为国际法主体的国家，必须具有一定的居民、确定的领土、相应的政权组织和主权四个要素。其中，主权是现代国家的根本属性，是国家基本权利和义务的基础。

国家管辖权是国家主权最直接的体现，是指国家对其领域内的一切人、物、事件以及境外特定的人、物和事件具有的行使管辖的权利。[③] 一般而言，国家管辖权包括属地管辖权、属人管辖权、保护性管辖权和普遍性管辖权四个方面。其中，属地管辖权和属人管辖权是主要的两个方面。

属地管辖权主要以领土作为管辖的标准，是指国家对其领域内的一切人（享

---

① 参见邱学军：《新中国海外领事保护工作的理论与实践》，载《世界知识》2020 年第 9 期。

② 参见黎海波：《海外中国公民领事保护问题研究（1978—2011）：基于国际法人本化的视角》，暨南大学出版社 2012 年版，第 37 ~ 48 页。

③ 参见饶戈平主编：《国际法》，北京大学出版社 1999 年版，第 102 页；黎海波：《海外中国公民领事保护问题研究（1978—2011）：基于国际法人本化的视角》，暨南大学出版社 2012 年版，第 37 页。

有豁免权者除外)、物以及事件有权行使管辖权。属人管辖权主要以国籍作为管辖的标准,是指国家对在国内和国外的本国公民,有权行使管辖权。因此,国家管辖权在其领土外的适用,主要是针对具有其国籍的人或其他获得其国籍的特定物。①

居留于一国的外国人处于其居住国的属地管辖权之下,他们必须遵守居住国的法律。1985 年,联合国大会通过的《非居住国公民个人人权宣言》第 4 条就规定:"外侨应遵守居住或所在国的法律,并尊重该国人民的风俗和习惯。"同时,居留于一国的外国人也处于其国籍国的属人管辖权之下,要对其国籍国尽一定的义务。如 1982 年《宪法》第 52 条就规定,"中华人民共和国公民有维护国家统一和全国各民族团结的义务"。该规定对于海外中国公民也同样具有效力。

所以,一国的外国人要同时受居住国属地管辖权和国籍国属人管辖权的双重管辖,这种双重管辖实际上来自主权的相对性。"国家主权的相对性主要是指国家主权的相互制约性,主权内容的动态变化性以及主权权力行使的有限性等。"②"绝对主权论者"往往片面宣扬主权的最高性和绝对性,并把它无限地运用到国家对内、对外事务的处理中,但这种绝对主义显然是不符合国际法理论的,也不利于主权国家之间的相互交往,因此承认主权本身包含一定的相对性,才能对双重管辖作出正确的理解。

首先,从主权的领域限制而言,③在其领域范围内,国内管辖权具有最高效力,而在其领域范围之外,国家只能行使国际法所赋予其的主权权力。

其次,随着全球化的发展,主权的相对性程度也会越来越高,本质上属于国内管辖的事项范围正在逐步缩小,如人权或环境保护领域的事项往往具有国内管辖

---

① 参见饶戈平主编:《国际法》,北京大学出版社 1999 年版,第 102 页;黎海波:《海外中国公民领事保护问题研究(1978—2011):基于国际法人本化的视角》,暨南大学出版社 2012 年版,第 37 页。

② 杨泽伟:《主权论:国际法上的主权问题及其发展趋势研究》,北京大学出版社 2006 年版,第 33 页;黎海波:《海外中国公民领事保护问题研究(1978—2011):基于国际法人本化的视角》,暨南大学出版社 2012 年版,第 39 页。

③ 同上书。

事项与国际性事项的双重性质。①

“主权的相对性是国际社会成员和平共处必不可少的一个条件,也是解决接受国属地管辖权和派遣国对海外公民属人管辖权冲突的理论依据”。基于此,“尽管外国人的国籍国拥有对该人的属人管辖权,但属地管辖处于相对优先的地位,属人管辖须服从和受制于属地管辖”②。然而,属地管辖权并不因此而具有绝对优先性,尽管属人管辖权的行使要受到属地管辖权的限制,但其亦构成了对属地非法“管辖”或不作为的限制。

属人管辖权有助于增强本国主权的域外效力,是国籍国维护其国外公民权益的基础。正是基于属人管辖权,国籍国有权对其国外公民提供领事保护甚至进行外交保护。

国际法保障一个国家对其领土内的人、物和事件的属地管辖权,因为它是国家主权的根本标志,是领土主权最重要的体现。同时,国际法也保障国籍国的属人管辖权,正如《奥本海国际法》所指出的,“虽然外国人在进入一国的领土时立即从属于该国的属地最高权,但是,他们仍然受他们本国的保护。根据这一普遍承认的国际法的习惯规则,每一个国家对于在国外的本国公民都享有保护的权利”③。属人管辖权的规定,反映出它对一个国家管辖其领土内个人权力的一种限制。④ 国籍国行使属人管辖权,主要是通过与属地管辖权的协调和冲突来实现的,但对于现在的领事保护而言,更多是一种协调关系。《维也纳领事关系公约》第5条具体规定了各项领事职务。其中最基本的就是以下两项:“于国际法许可之限度内,在接受国国内保护派遣国及其国民——个人与法人之利益”“帮助及协助派遣国国民——个人与法人”。总之,领事的主要职能就是保护和协助其国外公民。

---

① 参见李斌编著:《现代国际法学》,科学出版社2004年版,第57页;黎海波:《海外中国公民领事保护问题研究(1978—2011):基于国际法人本化的视角》,暨南大学出版社2012年版,第39页。

② 万霞:《海外中国公民安全问题与国籍国的保护》,载《外交评论(外交学院学报)》2006年第6期。

③ [英]詹宁斯、[英]瓦茨修订:《奥本海国际法》(第1卷)(第2分册),王铁崖等译,中国大百科全书出版社1998年版,第173页。

④ See Barry E. Carter, *International Law*, Apsen Publisher, 2003, p.743.

由于属人管辖权构成了领事保护的基础,所以国籍也就成为一国进行保护的判断标准和依据。但是《维也纳领事关系公约》并没有绝对限定这一标准,如第8条就规定:“经适当通知接受国后,派遣国之一领馆代表第三国在接受国内执行领事职务,但以接受国不表反对为限。”这也就为领事保护中国籍的松动和突破奠定了基础,这一规定无疑是出于对人权保护的考虑。而且,早在人权还属于国内事项的时期,这种实践就已出现。在当今国际人权思想和法律不断发展的时代,这种实践将更为普遍。

即使是在对国籍限定条件更为严格的外交保护领域,随着人道主义、人权理论和国际人权法影响的扩大,传统外交保护理论也不断地融合了人权因素,体现出了更为人本化的特点和趋势。《外交草案》第1条规定:“外交保护是指一国针对其国民因另一国国际不法行为而受的损害,以国家的名义为该国民采取外交行动或其他和平解决的手段。”这里所说的“国民”,既包括具有外交保护国之国籍的自然人,也包括其法人。此外,《外交草案》还规定了外交保护的对象,包括难民、无国籍人、双重国籍或多重国籍的人。对于属于国家权利的外交保护尚且如此,那么对于属于公民权利的领事保护,在人权因素的推动下,主权的限制会相对放松,即其国籍限制会进一步放松。

(二)外国人待遇的原则

外国人待遇制度是确定和维护公民海外权益的国际法标准。外国人待遇是指外国人在外国享有权利和承担义务的一种综合标准。对于居留国而言,它成为其对待外国人的参照标准。对于国籍国而言,则成为其保护其国外公民的参照标准和依据,尤其是对狭义的领事保护而言,更是如此。

《维也纳领事关系公约》规定了领事职务的行使必须“于国际法许可之限度内”。实际上,除国籍国要清楚这一保护的限度外,居留国也应明白这一待遇的限度。这一限度就涉及外国人待遇的标准问题,尤其是在人身和财产安全方面。①

---

① 丘日庆主编:《领事法论》,上海社会科学院出版社1996年版,第41~42页。

当一个外国人进入一个国家时,他就立即处于所在国的属地管辖权之下,因此,该国可以把它的法律适用于其领土内的外国人。外国人必须遵守所在国的法律,但其基本权利也应得到所在国的保护。

外国人待遇制度规定了外国人权利的基本内容,因此也就构成了防止外国人权利受到侵害以及寻求法律救济时最根本的依据。总的来看,国际法对于国家给予外国人何种待遇并无统一的规定,而是由国家自行决定,或是国家之间通过双边条约作出规定。每个国家都可以根据本国的具体情况,在不违背国际习惯法和国际条约规定的情况下,规定外国人入境、出境和居留的管理办法,以及在居留期间的具体权利和义务等。

外国人待遇更主要的是涉及那些居留的外国侨民和开展业务活动的外国法人。因为这些外国人虽然也与临时出国或短期停留的外国人一样,遵守所在国的法律,但他们要比临时逗留或旅行的外国人享有更广泛的权利与履行更多的义务。① 尽管如此,外国侨民与临时逗留或旅行的外国人在其待遇的基本原则上仍是相同的,在国际实践中,对外国人的待遇采取了各种不同的原则,常见的有国民待遇、最惠国待遇、互惠待遇和差别待遇等。

国民待遇,也称平等待遇,是指国家在一定范围内给予外国人的待遇不低于给予本国公民的待遇。国民待遇通常是国家在互惠原则的基础上互相给予,体现了国家之间的平等关系。国民待遇原则并不是从来就有的,这一思想源于大革命期间的《人权宣言》,即"人类生来是自由的,在权利上是平等的",随着经济的发展以及外国人民事法律地位的变迁,国民待遇到了资本主义时期,由于国际贸易和通商的需要才逐步确立。在全球化的今天,国民待遇已经成为国际经济交往的基本原则,这一原则被广泛运用于世界贸易领域。结合国际实践来看,国家给予外国人国民待遇,一般限于民事权利和诉讼权利。至于政治权利,外国人一般不能享有或享有较为有限的政治权利。

---

① 《国际法律问题研究》编写组:《国际法律问题研究》,中国政法大学出版社 1999 年版,第 248 页。

最惠国待遇,是指一国(施惠国)给予另一国(受惠国)公民或法人的待遇,不低于现在或将来给予任何第三国公民或法人在该国的待遇。联合国国际委员会在《关于最惠国条款的条文草案》第5条中指出:“最惠国待遇是授予受惠国或与之有确定关系的人或事的待遇不低于授予国给予第三国或与之有同于上述关系的人或事的待遇。”①

互惠待遇,是指国家之间根据平等互惠的原则,互相给予对方公民在入境签证、税收等方面的优惠待遇。

差别待遇,是指国家给予外国人不同于本国公民的待遇,或给予不同国的外国人不同的待遇。

上述外国人待遇的不同原则,既有人权思想的影响,又有国家利益和商贸关系的考虑。不管哪种因素居于主导地位,外国人待遇原则都构成了一国保护其国外公民的基本依据。外国人待遇进入国际法领域是19世纪以后的事情。当今,外国人待遇的原则,根据国际社会的普遍实践和国际条约的相关规定,一般包括国民待遇原则和最惠国待遇原则。而关于外国人的待遇目前并没有统一的标准。在国际法的理论中,存在国际标准主义和国内标准主义两种对立的主张。

国际标准主义,又称国际最低标准主义。这种理论主要是由英美等发达国家提出的。该理论主张外国人待遇应达到“国际最低标准”或“文明国家的道德标准”。实际上就是以欧美国家标准要求于他国。

国内标准主义,又称国民待遇标准主义。这种理论主要是由发展中国家尤其是拉丁美洲国家提出的。19世纪60年代,卡尔沃主义在拉美得以产生。阿根廷著名的外交家和国际法学者卡洛斯·卡尔沃(Carlos Calvo)为抵制发达国家对外交保护权的滥用,在《国际法的理论与实践》一书中主张:“现在美洲国家与欧洲一样都是自由独立的国家,其主权应受到相同的尊重,其国内法不允许来自外国的任何干涉。”“在一国定居的外国人有权享有与居留国国民相同的保护,但不能要求更多的保护,外国人如受到侵害,不能向加害人本国要求任何赔偿,应依靠加害

① 王铁崖、田如萱主编:《国际法资料选编》,法律出版社1982年版,第762页。

人本国来惩治加害人。”“政府对外国人所负的责任，不应多于其对本国国民所负的责任。”他的这一主张为拉丁美洲和一些发展中国家所广泛接受，被称为“卡尔沃主义”。该理论主要是针对英美等发达国家的自我标准论，主张外国人与本国人平等，所在国给予外国人的民事权利和法律保护，应以该国国民所享有的程度为准。

上述两种标准之争，实际上反映了不同国家在对待外国人待遇方面的不同考虑。由于各国的政治经济状况不同，导致各国人权状况也存在较大差异。

一是发达国家的考虑。发达国家的侨民在其他国家的基本权利难以得到保障。正如英国法学家阿库斯特所说，如果不确立国际最低标准，“它将意味着国家有权把外国人折磨致死，只要它也把自己国民折磨致死——这是常识和正义所不能接受的结论”。实际上，这种理论除出于对人权的担忧之外，主要还是出于对发达国家海外利益的考虑，即对海外投资等的保护。

二是发展中国家的考虑。外国人在居留国的待遇本应受到居留国国内法的管辖。如果国际社会确立国际最低标准，则容易导致对属地国主权的侵犯和内政的干涉。国民待遇标准，尤其是卡尔沃主义的提出，主要是防止大国利用所谓的国际标准行干涉主权之实。所以卡尔沃主义主要是出于主权的考虑，“从这个初衷考虑应予以支持，但也应防止把事情推向极端，否定国际义务或否定别国的合法权利”。

国际最低标准主义仅仅是发达国家的标准，而不是现代国际法所规定的一般或普适标准。在历史上，它曾经成为欧美列强进行殖民输出以及对弱小国家进行干涉的借口，引起了许多发展中国家的反对。而且，欧美国家之间也并不适用国际最低标准。此外，传统的领事保护和外交保护在保护效果上也往往受制于对等权利的限制，这就使得发达国家只是利于国际最低标准而已。

(三)国际人权法

国际人权法所确立的涉及外国人的权利与义务标准，更具一般性和普适性，减少其政治性，凸显了人本性。

由国际人权法所确立的涉及外国人的权利与义务标准,对于居留国而言,成为其对待外国人的参照标准。对于国籍国而言,成为其保护自己海外公民的推动力、参照标准和依据。

第二次世界大战以后,国际人权法逐步形成并成为国际法的一个新分支。《联合国宪章》首先肯定了人权主体的普遍性,如其序言中强调,"重申基本人权、人格尊严与价值,以及男女与大小各国平等权利之信念"。第1条规定:"促成国际合作,以解决国际间属于经济、社会、文化及人类福利性质之国际问题,且不分种族、性别、语言或宗教,增进并激励对于全体人类之人权及基本自由之尊重。"第55条规定:"全体人类之人权及基本自由之普遍尊重与遵守,不分种族、性别、语言或宗教。"由此可见,人权问题被纳入国际法的范畴,保护人权成为国际法的一项原则。

1948年的《世界人权宣言》、1966年的《经济、社会及文化权利国际公约》和《公民权利和政治权利国际公约》被称为国际人权宪章,同样肯定了人权主体的普遍性。

《世界人权宣言》第1条规定:"人人生而自由,在尊严和权利上一律平等。他们赋有理性和良心,并应以兄弟关系的精神相对待。"第2条规定:"人人有资格享有本宣言所载的一切权利和自由,不分种族、肤色、性别、语言、宗教、政治或其他见解、国籍或社会出身、财产、出生或其他身份等任何区别,并且不得因一人所属的国家或领土的政治的、行政的或者国际的地位之不同而有所区别,无论该领土是独立领土、托管领土、非自治领土或者处于其他任何主权受限制的情况之下。"这一关于人权的专门性国际宣言使得人权问题真正进入国际法领域,受到世界各国的普遍关注。

《经济、社会及文化权利国际公约》第1条规定:"本公约缔约各国承担保证,本公约所宣布的权利应予普遍行使,而不得有例如种族、肤色、性别、语言、宗教、政治或其他见解、国籍或社会出身、财产、出生或其他身份等任何区分。"

《公民权利和政治权利国际公约》第2条规定:"本公约每一缔约国承担尊重和保证在其领土内和受其管辖的一切个人享有本公约所承认的权利,不分种族、肤色、性别、语言、宗教、政治或其他见解、国籍或社会出身、财产、出生或其他身份等任何区别。”

由此看来,国际人权法对人权的理解和规定是建立在普适性人权观的基础之上的。因此,外国人与本国人一样,也都被包容在这一主体之中。国际人权法的融入,使得外国人待遇标准能够脱离各国实力和利益的影响,从而更具一般性和普适性。

阿·菲德罗斯在其《国际法》中也指出:“所有以一般国际法为基础的外国人的权利根源于这个理念:各国相互间负有义务在外国人的人身上尊重人的尊严。所以,它们有义务给予外国人以人的尊严的生活所不可缺少的那些权利。”①正因为如此,“对外国人法律地位制度确定的基本价值根据,仍是国际人权保护中的正义标准”。② 那么,这种正义标准究竟该如何统一?

为了统一标准,更好地保护外国人,1985 年 12 月 13 日,联合国大会通过了《非居住国公民个人人权宣言》,对外国人所应享有的权利和义务作出了较为具体而详细的规定,如规定非居住国公民享有人身自由、安全权、隐私权、婚姻权、宗教自由权、选择居所的权利、财产权利、表达意见的权利等基本人权和自由,同时还规定了非经法定程序不得驱逐外侨,禁止集体驱逐外侨等内容。因此它也成为国际人权领域中保护外国公民权利的集大成者。尽管这一宣言不具有法律约束力,但它规定的内容还是符合国际实践并得到国际社会普遍认可。因此,它对我们了解外国人待遇的基本内容和标准,对国家规范外国人的权利和义务等具有重要意义。③ 所以,《非居住国公民个人人权宣言》既可成为居留国如何对待外国人的基本参照标准,也可成为国籍国进行领事保护的基本依据。

---

① ［奥］阿·菲德罗斯等:《国际法》(下册),李浩培译,商务印书馆 1981 年版,第 434 ~ 435 页。

② 王利民:《外国人法律地位制度的法理思考》,载《大连理工大学学报(社会科学版)》2006 年第 1 期。

③ 参见《国际法律问题研究》编写组:《国际法律问题研究》,中国政法大学出版社 1999 年版,第 248 页。

四、当代国际领事保护的现状

(一)领事保护的国际公约

1963年4月24日,《维也纳领事关系公约》(Vienna Convention on Consular Relations)签订于维也纳,1967年3月19日正式生效。该公约系统性、原则地规定了对在“接受国”的“派遣国”公民的权益保护且该公约参与国家众多,是各国签订双边领事条约的国际法准则。该公约共七十九条、四章,第一章由“领事关系之建立及处理”和“领事职务之终了”两节组成,包括领事关系及领馆的建立、领事职务及其执行、领事人员制度及委派等事项和领事职务的终止;第二章由“关于领馆之便利、特权与豁免”和“关于职业领事官员及其他领馆人员之便利、特权与豁免”两节组成,第一节主要包括使用国旗、国徽,领馆在一定限度内不可侵犯,领馆档案及文件不可侵犯,行动自由、旅行自由和通信自由,与派遣国国民通信及联络和免纳捐税、关税,第二节主要包括人身自由受一定保护,一定限度的管辖豁免,一定限度的作证义务的免除,免纳捐税、关税和免受查验,其他特权与豁免,领事特权与豁免的开始、终止及抛弃,第三国义务和领馆及其人员对接受国的义务;第三章主要包括名誉领事官员及此等官员为馆长之领馆的便利、特权及豁免的一般规定和特别规定;第四章主要包括领事代理人、使馆执行领事职务、领事人员为接受国国民或永久居民和公约程序性事项。凡未经《维也纳领事关系公约》明文规定之事项应适用国际习惯法之规例,我们还可以依据以下全球性公约维护中国海外公民的基本权益:于2000年通过、我国2003年加入的《联合国打击跨国有组织犯罪公约》,于1994年通过、我国2004年加入的《联合国人员与有关人员安全公约》,于1973年在纽约制定、我国1987年加入的《关于防止和惩处侵害受国际保护人员包括外交代表的罪行的公约》,于1965年通过、1982年对我国生效的《消除一切形式种族歧视公约》,于1974年通过、1994年修订、我国1996年加入的《国际海上人命安全公约》,于1989年通过、我国1994年加入并于1996年正式生效的《国际救助公约》,于1982年通过、1994年生效、我国1996年加入的《联合国海洋法公约》,

于1966年通过、1976年生效、我国1998年签署的《公民权利和政治权利国际公约》，于1966年通过、我国2001年加入的《经济、社会及文化权利国际公约》，于1984年通过、我国1986年加入的《禁止酷刑和其他残忍、不人道或有辱人格的待遇或处罚公约》，于1979年通过、我国1980年加入的《消除对妇女一切形式的歧视公约》，于1989年通过、我国1992年加入《儿童权利公约》，于1951年通过、我国1990年加入的《男女同工同酬公约》，于1951年通过、我国1982年加入的《关于难民地位的公约》等。

(二)部分国家领事保护实践

1. 美国

(1)保护范围

领事保护需要健全的法律法规，才能确保其领事保护机制的相对完善。美国的领事事务制度涉及美国国外公民的福利，紧急情况下的财政医疗支持项目，逮捕国外美国公民，财产、诉讼及相关事宜，船舶和海员，公证服务，国际司法协助，国籍的取得和保留，护照服务，主要生活事件文档，海外投票程序，国际引渡中的领事角色，儿童问题，领事危机应对，刑事受害人协助等。除相关法律文件外，其还有几十种宣传手册，如《海外危机——美国国务院的行动》《加勒比旅行提示》《海外公民服务》《海外妇女单独旅行提示》等。

(2)保护实施主体

传统的领事保护主要由大使馆或领事馆实施，但随着领事保护面临的情况复杂化，单靠一个部门或机构难以满足需求，领事保护的实施主体由单一向多元转变。美国领事服务主要是由领事馆进行，但同时要求其他国家机关的参与与配合。最典型地体现在预警机制的完备方面，发布庞大的领事信息不是仅由使领馆完成，而是由多部门通力协作，互相配合，其他国家机关也有义务搜集自己领域内的相关信息。不同的相关信息必须经不同的部门审批，如果两个或两个以上部门提供的信息不一致，一般由高级长官决定。在其他领事保护工作中也有其他部门的参与，例如，在医疗救助方面，需要疾病防控中心及其他健康组织协助等。美国国务院外交安全局还设有海外安全顾问委员会，专门负责促进全球范围内的美国企业与美国国务院及美国政府其他机构之间（国际发展局、商会、商务部、财政部）的安全合作。

2. 英国

英国的领事制度历史悠久，领事实践经验相对较丰富。下文拟从不同方面对21世纪英国领事保护改革措施进行介绍。

（1）领事保护预警机制

自2006年起，英国外交部每年发布《海外英国公民行为报告》（British Behaviour Abroad Report），分析英国公民在不同国家所遭遇的困难及原因，并告知人们对各类情况应采取的应对措施。2008～2009年，英国外交部对旅行建议进行了多次修改，其中所有重大修改都需经外交大臣或外交与联邦事务部（Foreign and Commonwealth Office，FCO）工作委员会（FCO Board）批准，完善更新旅行建议的程序，保障公民及时获知信息的权利。

（2）领事保护参与主体

英国为使领事工作更加协调与到位，由外交部牵头成立了一些相关机构。这些机构里既包括政府机构，也包括公司企业、行业协会及其他非政府组织，甚至还包括公民个人，由此亦可看出外交部领事服务合作对象的广泛性。如外交部牵头成立了领事服务利益相关部门小组（The Consular Stakeholder Panel，CSP）、领事战略委员会（The Consular Strategy Board）、旅行建议检查小组（Travel Advice Review Group）就领事工作中的问题进行磋商和协调。此外，领事司还通过各种形式与非政府组织合作开展领事协助工作，例如，与少数族裔社区组织［如纽汉孟加里社区组织（Newham Bengali Community）］合作处理涉及少数族裔公民的领事协助案件；英国慈善机构“团聚”（Reunite）专门为那些被诱拐出国的儿童的父母亲提供帮助，多年来领事司一直与该机构合作处理此类领事保护案件。领事司除为非政府组织提供活动资金外，还派专人指导非政府组织的工作。

（3）领事协助标准

为了使公众对领事保护和协助有一个较为合理的期待，1998年英国所有驻外机构都公布了自己的服务标准,其中就包括领事协助的标准。按照规定,领事部门必须每年汇报按照领事服务标准完成领事服务的情况。2006 年 3 月外交部又公布了《协助海外英国国民指南》(Support for British Nationals Abroad:A Guide),第一次勾画出了一个更明确的领事协助框架,其中规定驻外使领馆在得知海外公民生病住院或被逮捕后,一般应在24 小时内与其取得联系,提供帮助;对于如何救助受大规模灾难性事件和国际恐怖活动影响的海外公民及其国内亲属,外交部在与其他部门协商后,也制定了相应的服务和赔偿标准。

(4)领事保护资金

2002 年,英国外交部、财政部和内政部就领事保护(包括危机处理)的资金保障问题签署了一项协议。该协议规定,护照颁发机关可以直接将领事费划拨到领事预算的账目上,而不必再先上交财政部。领事预算中包括全部的领事保护的费用。而且协议还规定,随着护照颁发数量的增加和颁发护照费用的调整,领事费也可以随之增加和调整。这种安排保证了领事保护费用的来源。2011 年利比亚撤离事件发生后,英国外交部进一步完善了关于海外公民救护的资金安排,建立关于海外公民危机救助费用减免的快速决定程序。①

3. 日本

(1)领事保护领域的立法

对于领事保护,日本主要是在21 世纪开始制定相关专门法律。在此之前,日本只有涉及领事保护的法规。2003 年,日本制定了《确保武力攻击事态中日本国家和平独立以及日本国民的安全之相关法律》(又称《武力攻击事态应对法》);2004 年出台了《关于在发生武力攻击等事态时为保护国民而采取相关措施之法律》(又称《国民保护法》);2005 年又制定了《外务省国民保护计划》。以上法律对于领事机构采取何种保护措施以及如何采取保护措施都起到了指导规范性作用。

---

① 夏莉萍:《侨民生存安全受关注　发达国家预警与救护机制研究》,载中国新闻网,https://www.chinanews.com/zgqj/2013/08-03/5119332.shtml。

(2)领事保护工作的预警机制

领事保护工作的预警机制水平的高低,直接关系领事保护工作效率。日本领事保护工作提供了一套综合的预警机制,2002 年 10 月,日本成立了为外相服务的顾问机构——跨国界人员流动理事会(Council on the Movement of People Across Borders)。同时,日本设立专门的电话求助中心,对境外安全问题进行解决。

(3)领事保护的机构及官员

2004 年 8 月,外务省将原领事部(Consular and Migration Affairs Department)升级为领事局(Consular Affairs Bureau),增加了科室和编制,在国民境外安全保护方面主要由外务省领事局的海外国民安全科负责;还设立了海外国民恐怖主义室、海外安全对话中心及危机管理处,以开展日本国民境外安全保护工作。在外务省内组建了跨部门协调机构——领事服务部(Consular Service Head Quarters),其主要功能是协调相关部门,调动各方在人、财、物方面支持领事局工作,来促进外务省在领事保护进入紧急状态时作出更有效的反应。此外,日本增设了领事体制强化室负责课业培训,提升使领事官员的专业性。领事司也专注于对领事官员工作年限长短的区分以有利于在处理不同海外安全问题时对人力资源的合理配置,同时任命领事问题特别助理以解决某些驻外代表机构中没有领事的问题。另外,外务省建立了领事事务顾问制度(Advisors on Consular Affairs),由一些来自私人企业的、资历较深的、对海外某个地方的情况非常熟悉的国民担任领事顾问,就如何提高日本在该地区的领事工作效率提供建议。

(4)领事保护的资金分配

日本有些社会团体以及其他组织积极同政府密切合作,在保护海外国民生命、财产安全方面表现得十分活跃,为政府海外侨民保护工作给予了有效的金融支持,也为政府进行领事保护工作提供了强有力的金融支持,大大地减轻了政府在解决实际问题中财力、物力投入的压力。如著名财团海外日本人医疗基金(JOMF)、日本特定非营利活动(Non-Profit Organization,NPO)法人、全国日莲宗青年会等,这些财团与其他组织同政府合作密切,积极活跃于保护日本海外国民的生命、财产安全的第一线,全球化背景下的上述日本领事保护发展的新动向都不失为一种可借鉴的途径和方法。

五、国际领事保护机制存在的问题及完善

虽然各国为了对本国公民的海外权益进行有效保护，均不同程度上确立了相应的领事保护机制，但目前国际上依旧缺乏专门的领事保护规范对领事保护的形式、权利性质、权利范围和内容、实施条件及程序等进行界定，各国在领事保护时也存在缺乏有效合作、国家责任缺失等的问题。因此，目前国际领事保护机制很明显存在一定的滞后性，需要与时俱进。

(一)国际领事保护机制存在的问题

1. 领事保护机制的机械性

目前各国领事保护在制度设计上，以尊重国家主权原则为指引，注重国籍国的属人管辖权和东道国的属地管辖权的融合与区分，以及尊重海外公民的权利主体地位。究其本质，领事保护制度的宗旨是通过国籍国和东道国的有效合作，弥补全球化时代人员与财产跨境流动带来的治理真空，从而为全球化时代下的跨境公民提供有效的保护措施。国籍国和东道国的合作立足于两国属地权利与属人权利的主次关系以及两国的资源互补，东道国基于属地管辖权对本国主权范围内的事项进行管辖，相对于国籍国拥有明显的执法资源优势；而国籍国的驻外使领馆基于其属人管辖权享有的对国民的身份背景、生活习惯、语言风俗等信息的掌握，能够较好地协助当地本国国民建立事前安全防范机制或事后提供救助，即在国籍国拥有充分的信息资源、东道国拥有充分的执法资源的基础上进行公平责任分配从而互相配合对公民海外权益进行有效保护。

但值得注意的是，领事保护制度以尊重国家主权为指引，所以相对于东道国的属地管辖权，国籍国仅有有限的辅助性和程序性的属人管辖权。在全球化背景下，无论是因为各国发展不均衡还是各国出于政治经济等其他多重因素的考虑，领事保护对属地、属人权利优次主从关系的机械设置对公民海外权益保护的局限性逐渐有所体现。比如，国家间发展的不均衡性使跨境交往中对公民的海外权益

保护存在冲突,假设国籍国是综合国力较强的发达国家,在拥有信息优势的同时还拥有充足的执法资源;而东道国可能是社会治理能力不足、执法资源匮乏的发展中国家。当东道国家执法资源极其有限时,属地管辖权对其可能是一种负担而非权利。在这种情况下,要求东道国将有限的执法资源投注到别国海外权益的保护上,对东道国国家和国民是事实的不公;而国籍国的执法资源无法利用,使跨境国民权益得不到有效保护,也有违公民人权保护的价值取向。这种情况下,领事保护对属地、属人权利优次主从关系的机械设置压缩了东道国和国籍国优化资源配置的空间,与国籍国、海外公民、东道国的利益都背道而驰,不具有正当性。

在公民海外权益保护意义重大而东道国又无法提供有效保护的情况下,军事干预和警察的跨境执法常常是保护公民海外权益的最直接手段。国家主权原则是联合国和国际法体系中最为基础的原则之一,当国籍国的公民海外权益保护措施不直接冲击他国的属地管辖权时(如使领馆机构发布出国公民提醒),其行为在国际法上是可接受的。但如果国籍国试图通过军警等具有强政治色彩的手段开展跨境行动,则构成了对东道国属地管辖权的侵犯。这时国籍国保护公民海外权益的行动便面临着法理困境,即便国籍国拥有充足的海外资源来保护其权益,其行动也受到国际法原则和东道国法律的制约。

于是实践中可能出现一种情况,即东道国无力为别国公民海外权益提供保护且缺乏与国籍国合作的意愿,国籍国有能力提供安全保护却受制于东道国的属地管辖权而不能实行,保护公民人权和尊重他国主权无法同时实现,从而形成公民海外权益保护的法理困境。

2. 国际领事保护的双边条约签订不足且缺乏专门规范的指引

国际法在应对全球化发展方面的能力明显不足,包括国际法规范的合法性理解上的困难,条约僵化的问题以及国际法规范在跟上世界发展方面的困难。关于领事关系最重要的国际法渊源是 1963 年的《维也纳领事关系公约》,这是目前为大多数国家所普遍接受的调整领事关系的国际公约。虽然领事保护属于领事关系不可或缺的一部分,但关于“领事保护”的内涵,《维也纳领事关系公约》中并没有进行界定。“领事保护”一词是从《维也纳领事关系公约》第 5 条有关领事职务的职责中逐渐提炼出来的一种概括性说法，从国际层面来看，有关外交领事保护的著作中仍未明确界定领事保护（Consular Protection）的含义。《维也纳领事关系公约》的制度设计囿于签订时的时代背景，主要从传统国际法的角度对领事关系进行规定而非针对领事保护制度。《维也纳领事关系公约》制定的目的是对主权国家的权利进行保护而非对公民个人海外权益进行保护，探寻《维也纳领事关系公约》全文，公民海外权益保护的条款主要体现于其第 36 条对领事官员的"领事探视权"的规定。该条款规定领事官员有权：第一，探访被监禁的派遣国国民；第二，与之交谈；第三，与之通信；第四，为其代聘法律代表。该条款对公民海外的权益保护起到了一定的程序性保护的作用，但在国际实践中对于违反该条款的行为应承担何种责任、给予何种形式的救济等在整个国际法层面并没有明确的规定。

虽然目前国家与国家之间签订的双边或者多边领事关系条约的数量呈不断增长之势，但国际上各国仍面临着领事保护双边条约签订不足与缺乏对领事保护的专门规定的困境。就各国的国内法而言，也鲜有国家针对领事保护制度设立专门的法律规范，各国对公民海外权益的领事保护规定多散见于国内各部门法中的一些条款中。

3. 国家间缺乏有效合作与领事保护法定救济途径

国际上公民海外权益的威胁主要存在于以下三个方面：一是经济方面，如劳务纠纷、商业纠纷以及旅游纠纷等；二是政治方面的突发事件，主要表现为东道国发生的动乱等；三是社会方面的社会事件，主要表现为因社会交往而产生的一系列造成公民海外人身及财产损害的事件。1979 年，美国在伊朗人质事件中的惨重损失就是一个例证①，这就要求东道国与国籍国间进行有效合作，完善预防公民海外权益受侵害的领事保护预警机制以及完善侵害行为发生时的领事保护应急机

① 1979 年 11 月 4 日，在德黑兰美国驻伊朗大使馆门前发生大规模的群众示威游行。美国大使馆请求伊朗当局给予保护，但伊朗当局没有采取必要的保护措施。游行队伍闯进了美国大使馆，扣留了使馆内的美国使馆人员和领事人员及工作人员 50 多人，损毁了使馆内的档案文件。11 月 5 日，在伊朗大不里士和舍拉子的美国领事馆也发生了同类事件。1979 年 11 月 29 日，美国向国际法院起诉，1980 年 5 月 24 日，国际法院在伊朗缺席下作出了判决。

制。但目前很多国籍国与东道国对于公民海外权益保护普遍存在程序性立法缺失严重的问题,导致在面临公民海外权益纠纷时,无法及时有效地采取措施。领事机构的权责划分不够明确,将会严重影响纠纷处理的效率。

虽然《维也纳领事关系公约》有领事探视权的相关规定,但此公约也明确规定了各派遣国应当充分尊重驻在国的法律。驻在国依据本国国内法的规定有权拒绝领事探视。但是,若假借本国法律之名而拒绝探视使派遣国公民合法权利无法实现之时应当如何处理?《维也纳领事关系公约》中并没有规定如何判定和具体执行有关领事探视权的问题。另外,从可诉性角度而言,海外公民与国籍国之间可视为存在行政法律关系,以领事官员"缺位"为例,领事官员在领事保护案件中,拒绝为海外公民提供领事保护,或者领事官员提供领事保护不及时以及领事官员在提供领事保护中出现错误致使"行政相对人"权益受损。

(二)国际领事保护机制的完善

1. 坚持合法有效性原则与公平原则

在当代联合国体系的框架下各国处于平等的政治与法律地位,因此在采取领事保护行动时首先要坚持合法性原则,不能突破国际法律规范的底线,要尊重各国的国家主权,以和平的方式解决公民海外权益保护的问题。在当代,战争和单边行动已经丧失了正当性,海外安全保护需要通过国家间的合作来实现。因此领事保护的制度设计应坚持有效性原则,加强关于领事保护机制运转的灵活性,因时、因地制宜。根据大卫·李嘉图的比较优势理论,国籍国和东道国在跨境国民的保护上宜通过双边合作实现效益最大化。即使国籍国的军队、警察等资源具有很强的跨境执法能力,双方也仍有优化配置的空间。由此,由国籍国提供文化属性资源,东道国提供军队、警察等物质资源是更有效的资源配置方式。

领事保护的制度设计还要坚持公平性原则。在公民海外安全保护中物质资源丰厚的国籍国可以为资源缺乏的东道国提供技术支持或资金补偿,并在确有必要且获得东道国许可时投入实质性的军事或警务资源,减轻后者负担。这一原则的执行应当视具体情形而有所区分,对于一般情况下的国际领事保护必然要尊重东道国的国家主权,按照属地管辖权优先于属人管辖权的原则,先由东道国按照相关领事保护制度在本国国内实施相应行为;针对一些特殊情况,比如,东道国处于动荡时期无法对位于其领土范围内的海外公民进行有效的管理与保护时,境外国民的安全保护往往需要国籍国的军事或警务力量;或者,在公民海外权益处于危急情况时,出于公平责任以及实质正义的要求可以允许国籍国采取相应的应急措施,适当地突破属地管辖权的限制。当然,对于此种特殊情况需要以后在国家间的双边条约或者国际规范中予以明确和限制。

2. 完善领事保护的国际法渊源

在全球化程度不断加深的背景下,应加快针对领事保护的国际法规范确立的步伐,正如夏莉萍所说,《维也纳领事关系公约》的签订已逾半个世纪,在各国公民海外权益不断增多及领事保护需求日益扩大的现实背景下,领事保护的内容与手段等都有了新的发展,国际社会应当推动反映当下实情的新的国际条约的制定与签署。同时,法国的海军上尉安东尼也认为,在欧盟联合军队实行亚丁湾反海盗的合作中,缺乏相关细致、包容性的法律支持,推动周边国家与联合国、参与反海盗行动的国家间建立某种框架性的共识是反海盗行动进一步推进的重要前提。此外,来自斯德哥尔摩和平研究所的杜懋之博士(Dr. Mathieu Duchâtel)也认为,在企业与地方、中央政府的合作,以及国际合作上,也应当有进一步的法律界定。

同时应当加强领事保护的程序性立法,明确进行领事保护时的程序性事项,同时应明确各国领事机构在工作中的地位与职能,根据公民面临的风险不同,明确具体的实施主体,减少突发状况发生时有关机构的相互推诿。国家领事机构不仅应保护海外的国家及公民权益,其工作内容还应当包括深化国家间的友好合作关系。只有与缔结领事关系的国家政府紧密合作,保持信息的实时交流,才能保证领事保护工作的顺利进行。除此之外,国籍国的领事机构在不违反东道国法律规定的情形下,可以及时充分地反馈东道国的政治、经济、文化等各方面的实际情况以及未来的发展导向,以此做好预防与应急。同时,为加深两国的友好互助合作,在不违反国家政策以及法律的条件下,尽量简化出入境程序,增强国家间的人员交往。

未来在领事保护的制度设计上应注重协调国家间价值观。全球化带来的理论问题之一便是各国在价值观上的相对性与统一性之争。公民海外安全保护涉及国籍国和东道国的合作,双方在同一问题上具有近似价值观是合作顺利开展的前提。根据罗伯特阿迪的协调理论,主体间的合作障碍并不总是同质主张间的矛盾冲突(如争夺权力),也常常源于异质主张间的无法沟通。在后一种情况下,合作的关键不在于利益妥协,而在于设计出能够容纳各方价值诉求的方案。应用于海外权益保护时,该原理就要求在存在法律文化差异的异质体系中找到相通的切入点。例如,国籍国在行使积极人格管辖权、追究境外国民的刑事责任时就受到双重犯罪等条件的限制,这是在规则层面确认了法律文化的相对性。

对于公民的海外权益保护,各国应明确虽然在联合国体系中的政治地位是平等的,但是国际影响力与经济实力是有差异的,各国在国际合作中除应坚持合法合理性原则外还应确保保护行动的正外部性,承担推动国际社会良性发展的道义责任。对于违反领事保护制度的行为或假借进行领事保护之名行干涉他国内政之实的行为,应受到国际社会的强烈谴责并应为此承担相应的国家责任。

第二节　中国领事保护机制

一、中国领事保护机制的发展

中国海外公民领事保护机制是在不断的探索过程中向前发展的。从新中国成立初期到现阶段的领事保护,中国在这七十多年的砥砺前行中不断地将领事保护从不成熟向成熟推进,中国的公民海外安全保护正在向更高的层次迈进。回顾这些年的风雨历程,我们也更加深刻地认识到,合理高效的领事保护是保护海外公民的超强防护盾,也是增加国家影响力、获得国际社会认同的重要途径。

(一)新中国成立初期的领事保护机制

新中国的建立在世界上产生了十分重大的影响,走社会主义道路的新中国却受到了发达国家的封锁和抵制。如何打破发达国家的封锁，进而在世界上赢得国际社会的尊重和帮助，这是新中国所面临的首要问题。领事保护可以保护我国公民海外安全权益，特别是海外华人华侨的正当合法利益。新中国成立初期，由于国家经济还在恢复期，这一阶段出国务工、留学和旅游人员相对较少，自1952年至1978年，累计仅有28万人次出国，因此领事保护案件数量相对较少，但新中国仍形成了领事保护的初步框架。1954年的《关于领事工作任务的初步规定》中就有"对华侨的正当权益，采取积极保护措施"等规定。这是新中国第一个关于驻外外交、领事机构领事工作的规章。[①] 1955年外交部成立了领事司，处理国家领事工作。1959年和1960年，中国与原德意志民主共和国、苏联等签署了领事条约。从新中国成立到1958年，中国在外国设立了14个领馆。

随着国家经济的慢慢恢复和国际地位的上升，我国领事保护也渐渐完善，但此时处于美国和苏联"冷战"之际，领事保护工作受制于政治及外交环境的影响。为了更好地保护海外华侨的人身财产安全，也为了进一步打开新中国的周边外交环境，1954年，国家开始调整对待华侨的政策，鼓励海外当地的华人华侨积极加入所在国国籍，以此来保护他们的安全利益。例如，1955年中国与印尼签订了《中华人民共和国和印度尼西亚共和国关于双重国籍问题的条约》，解决了在印尼的华人华侨长期面临的双重国籍问题。之后我国与尼泊尔、蒙古、菲律宾、泰国等邻国协商解决了历史遗留问题，我国也是奉行了不承认双重国籍的国籍政策。但囿于当时错综复杂的国际环境，我国领事保护实践仍受到极大阻碍，后一度陷入停滞状态。

(二)改革开放前期的领事保护

十一届三中全会以后，邓小平的"海外关系是个好东西"理论十分鼓舞人心，国家在发展中国特色社会主义经济的同时，也积极地鼓励人民走出去。中国开始向世界敞开胸怀，同时也开始走出去拥抱世界。国家政策的调整促进了人口的流

---

① 参见《新中国领事实践》编写组编：《新中国领事实践》，世界知识出版社1991年版，第120页。

动,这一时期的领事保护工作逐渐步入正轨。

1. 有关国内法制的不断完善

1980 年制定的《国籍法》草案和 1980 年施行的《国籍法》消除了领事保护的很多障碍;1982 年施行的《宪法》完善了对于华人华侨安全的保护;1983 年施行的《中华人民共和国领事条例(试行)》,1986 年施行的《中华人民共和国外国人入境出境管理法》,1990 年施行的《中华人民共和国领事特权与豁免条例》对中国驻外的领事官员和领事馆的职权、公民出入境管理和外国人出入境管理、外国驻华领馆及其官员的特权与豁免都作出了详细规定;国务院 2002 年发布《中国公民出国旅游管理办法》以保障出国旅游者和出国旅游经营者的合法权益;2003 年商务部发布《关于处理境外劳务纠纷或突发事件有关问题的通知》以保护经营公司以及劳务人员的合法权益,避免造成有损国家声誉或引起外交争端的涉外事件;2000 年外交部开始编写并发布《中国境外领事保护和服务指南》等。

2. 领事机构逐渐健全

这主要体现在中国在世界上多个国家的领馆的建立。1979 年中国领事保护随着外交工作一同取得了重大进展。中国驻悉尼总领馆是中国驻外国的第一个总领馆。之后又与美国、法国、原联邦德国、意大利、日本、加拿大、英国、厄瓜多尔、巴西、罗马尼亚、土耳其、西班牙、墨西哥、澳大利亚、智利、比利时、苏联,朝鲜、瑞士、波兰、阿联酋、泰国、列支敦士登、匈牙利、伊朗达成了互设或恢复领馆、总领馆的协议。例如,截至 1989 年 11 月,中国已在 22 个国家设立了 31 个领馆(如表 4 – 1 所示),在中国公民出现较多的地方都有了中国领事的身影,这十分有效地保护了中国国民利益和权利,方便了他们在当地的工作、生活和学习。改革开放初期,随着外交环境的好转和国内政策的推行,以及中国国民外出旅游、务工、出访、探亲、移民、留学等人数的增加,领事保护从领事条约的谈判到领事机构的设置,再到国内立法都获得了长足的推进,党和国家领导人的重视也起到了很关键的作用。

表 4－1　1949～1988 年中国领事机构设置情况

年份/年	外国在华设领馆数/个	中国在外设领馆数/个	外国撤销驻华领馆数/个	中国撤销驻外领馆数/个
1949～1950	17	6	0	0
1951～1960	15	8	9	0
1961～1970	0	0	17	6
1971～1978	4	3	4	0
1979～1988	29	31	0	0

资料来源:《新中国领事实践》、《上海外事志》第三编第一章外国在沪设领历程。

3. 领事条约的签署

1959 年 1 月 27 日,新中国与外国签署的第一份领事条约是《中华人民共和国和德意志民主共和国领事条约》。1979 年 7 月 3 日中华人民共和国政府向联合国秘书长交存加入书,同年 8 月 1 日《维也纳领事关系公约》对我国生效,标志着中国的领事保护工作开始与国际接轨,中国领事保护工作逐渐走向成熟。1980 年中美正式签署领事保护条约,这是中国与资本主义国家签订的第一个关于领事保护问题的条约。之后,中国先后与南斯拉夫、波兰、意大利等 14 个国家签订了领事关系条约。截至 2004 年,中国同外国签订的双边领事条约已达到 42 个。

这一时期的领事保护工作已经逐渐走出国内政治的阴影,开始结合国内新政策和国际新环境加以调整和发展。中国的领事保护工作正在向每一个有中国公民的地方迈进。

(三)2004 年至今的领事保护

2004 年对于中国的领事保护来说,是一个具有重大意义的年份,这一年中国领事保护的发展迈入新时期,中国海外公民领事保护呈现全面向前的发展趋势。

1. 立法更加完善,相关国内配套机制趋向于精细化和可操作性

2004 年宪法修正案将"尊重和保障人权"写入了国家的根本大法;2007 年施行的《中华人民共和国突发事件应对法》对突发事件应急预案体系的建立进行了

规定;2010 年施行的《中华人民共和国驻外外交人员法》、2013 年施行的《中华人民共和国旅游法》、2015 年施行的《中华人民共和国国家安全法》中对海外公民与法人的权益保护都有所规定。

有关的法规、规章、指南是在我国国内现有法律框架下的细化,也即其对中国公民和企业机构海外安全工作作出了更加细化、可操作性更强的规定。

(1)就国务院法规而言,2006 年发布的《国家突发公共事件总体应急预案》、2008 年颁布的《对外承包工程管理条例》、2012 年颁布的《对外劳务合作管理条例》以及 2008 年国务院办公厅发布的《关于加强渔业安全生产工作的通知》。

(2)就部门规章而言,包括 2005 年商务部、外交部、国资委联合颁布的《关于加强境外中资企业机构与人员安全保护工作的意见》(国办发〔2005〕48 号);2006 年原国家旅游局、外交部发布的《中国公民出境旅游突发事件应急预案》;2009 年商务部、外交部颁布的《防范和处置境外劳务事件的规定》(商合发〔2009〕303 号)和商务部、外交部《关于建立境外劳务群体性事件预警机制的通知》(商合发〔2009〕392 号);2010 年商务部、外交部、国家发展改革委、公安部、国资委、原安全监管总局、全国工商联颁布的《境外中资企业机构和人员安全管理规定》(商合发〔2010〕313 号);2011 年商务部、外交部、国资委、全国工商联颁布的《境外中资企业(机构)员工管理指引》(商合发〔2011〕64 号);2012 年,国家商务部、中国共产党中央委员会对外宣传办公室、外交部、国家发展改革委、国资委、原国家预防腐败局、全国工商联联合制定的《中国境外企业文化建设若干意见》(商政发〔2012〕104 号);2013 年商务部、外交部、住房和城乡建设部、原国家卫生和计划生育委员会、国资委、原安全监管总局颁布的《对外投资合作境外安全事件应急响应和处置规定》(商合发〔2013〕242 号);2014 年商务部发布的《境外投资管理办法》(商务部令 2014 年第 3 号);2015 年商务部、外交部、国资委发布的《关于规范对外承包工程外派人员管理的通知》(商合函〔2015〕877 号);2017 年国家发展改革委公布的《企业境外投资管理办法》(发改委令 2017 年第 11 号)。

(3)就指南类文件而言,包括外交部领事司 2000 年开始编写并发布的《中国境外领事保护和服务指南》,其根据领事保护工作中的经验总结仍在不断更新,目前2018年版为最新版；中央文明办、原国家旅游局等部门在2006年联合颁布的《中国公民出国（境）旅游文明行为指南》；外交部领事司2009年编写并发布的《海外中国公民文明指南》；2012年外交部领事司印发的《中国企业海外安全风险防范指南》；2012年商务部印发了《境外中资企业机构和人员安全管理指南》；2013年商务部、原环境保护部联合印发了《对外投资合作环境保护指南》等。

（4）就地方规章而言，自2021年1月以来，中国多地华侨权益保护工作迈上了新台阶：广东、福建、上海、湖北、南京、浙江、大连、海南、四川等地方已先后制定出台华侨权益保护条例，为地方华侨权益保护立法实践进一步积累了经验。南京市于2015年7月1日正式施行《南京市华侨权益保护条例》；广东省于2015年10月1日正式施行《广东省华侨权益保护条例》；福建省于2016年9月1日正式施行《福建省华侨权益保护条例》；上海市于2016年12月1日正式施行《上海市华侨权益保护条例》；湖北省于2016年12月1日正式施行《湖北省华侨权益保护条例》；浙江省于2018年12月1日正式施行《浙江省华侨权益保护条例》；大连市于2019年7月1日正式施行《大连市华侨权益保护条例》；海南省于2021年1月1日正式施行《海南省华侨权益保护条例》；四川省于1月27日正式施行《四川省华侨权益保护条例》等。

2004年7月，外交部涉外安全司成立。同年11月，境外中国公民和机构安全保护工作部际联席会议在北京成立，会议由外交部牵头、国务院26个部委组成，常设办公室为外交部应急办。这是我国领事保护工作的协调和行动指挥机构，是我国领事保护上的里程碑。2007年8月23日，外交部领事司领事保护处升格为外交部领事保护中心，负责海外公民、机构安全和合法权益保护工作的政策指导与统筹协调，这标志着中国领事保护工作进入新的发展时期。为了保证领事保护工作的顺利开展，财政部设立“领事保护专项经费”。2012年，“领事保护专项经费”就已达到2000多万元人民币。在这些机构的运作过程中，形成了多层次的领事保护工作机制，如海外安全风险评估制度、领事磋商制度、海外中国公民自愿登记制度、旅游预警机制等，不断推进领事保护向操作性、实用性、可塑性的方向发展和升级。各使领馆还普遍建立了搜集、了解和掌握中国公民在国外的情况的信息渠道，以便在紧急情况下与其取得联系，通过多种手段确保海外公民的安全。

2. 领事保护手段多样化，注重预防性领事保护

目前，我国领事保护机制主要有三种，分别是预防预警机制、应急协调机制和磋商交涉机制。

（1）预防预警机制

领事保护预防预警机制是指外交部在商务部、教育部、公安部等其他部门的联合协助下，实现低成本高效率求助。2018 年 8 月，"12308"手机热线客户端正式开通，内含安全提醒、通知公告、出行指南、应急电话等栏目，权威发布重要的海外安全提醒以及海外重大突发事件处置情况，而且具备一键呼叫"12308"热线功能。但除此之外，还应该从以下方面完善领事保护的预警机制：

首先，对出国人员进行海外安全宣传教育。外交部从 2000 年起制作并发布领事保护相关指南，帮助中国公民提高海外安全意识、了解领事保护相关知识。驻外使领馆根据实际情况制作国外小贴士，如中国驻巴塞罗那总领馆编写了适用于当地留学生的《留学安全指南》，内容汇集了校外租房、住宿安全、防盗以及交友等方面的建议。领馆官员深入地方、学校、企业开展内容实用、形式丰富的宣讲活动，给大家讲解国外的法律法规、风土人情、安全知识等，提高安全风险防范和应对处置能力。① 其次，提高公众对海外安全的认识。2017 年，为了拉近公众与领事保护的距离，外交部与央视新闻联合推出《我的身后有祖国》系列专题报道，介绍领事保护案件及其背后的故事，引导大家学习和掌握必要的自我保护知识。

外交部还与中国联通合作推出一项服务，利用中国联通网络平台以领事保护中心的名义通过短信方式向中国出境公民发送安全提醒。领事司还通过举办各种形式的研讨会、征文、故事汇等活动，以及在山东省、澳门特别行政区、天津市等地开展宣传活动专题，利用媒体发表专题文章，推出与领事保护相关的栏目，全方位宣传涉外安全知识与领事保护动态。

---

① 参见夏莉萍：《中国领事保护新发展与中国特色大国外交》，载《外交评论（外交学院学报）》2020 年第 4 期。

(2)应急协调机制

应急协调机制是应对突发情况的工作流程和模式,它决定着能否在最短的时间内调动最多的社会资源来处理领事保护事件。2004 年 7 月,外交部成立涉外安全事务司,负责研究涉及国家安全问题的涉外事宜,协调和处理相关工作,指导驻外外交机构开展相关业务。同年 11 月,成立由外交部牵头、国务院有关部委组成的境外中国公民和机构安全保护工作部际联席会议,专门应对境外中国公民和机构的安全事件,以加快完善重大危机事件的外交解决程序,提高工作效率。自此,中央、地方、驻外使领馆、企业和个人"五位一体"的公民和企业海外安全保护联动应急机制基本建立起来,初步形成了政府及时预警、企业积极响应、公民主动防范的良好局面。在中央层面,境外中国公民和机构安全保护工作部际联席会议负责统筹、协调、指挥海外公民和企业的重大领事保护事件,一旦发生有关公民海外安全重大危机的事件,就会启动部际联席会议,对事件作出重要部署;在使领馆层面,外交部的领事保护中心负责协调和处理各方参与领事保护工作,一旦发现涉及公民和企业海外重大人身、财产损害的案件,就会立刻启动应急保护机制;在地方层面,各地方政府也制定了相关的应急协调机制;在企业层面,一些大型企业的内部同样制定了应急机制,保证企业内部资源整合、步调一致地应对突发情况。

(3)磋商交涉机制

领事磋商机制,是指两国领事部门及其负责人之间就两国的领事关系推进、人员往来互惠安排以及保护本国公民合法权益等问题而进行的商谈。例如,希腊华侨华人社区存在严重的治安问题,2018 年 8 月,中国驻希腊使馆专门就此事与希方进行商谈,希望希腊通过加强警力保障、增加巡逻等措施,改善华侨华人社区的治安问题。2017 年,我国共与 30 多个国家举行领事磋商和会晤。领事交涉机制,则是在本国公民的合法权益受到非法侵害时,由领事部门出面与他国当局进行交涉,敦促公正、妥善处理,以维护本国公民的合法权益。

(4)反制裁的适用

2021 年 3 月 22 日,欧盟基于谎言和虚假信息,借口对中国有关个人和实体实施单边制裁。美国、加拿大和英国随后也宣布对中国实施制裁。这些举动罔顾事实、颠倒黑白，粗暴干涉中国内政，公然违反国际法和国际关系基本准则，中方对此表示坚决反对和强烈谴责。

因此，3月22日中方决定对欧盟严重损害中方主权和利益、恶意传播谎言和虚假信息的10名人员和4个实体实施制裁，包括：欧洲议会议员彼蒂科菲尔、盖勒、格鲁克斯曼、库楚克、莱克斯曼，荷兰议会议员舍尔茨玛，比利时议会议员科格拉蒂，立陶宛议会议员萨卡利埃内，德国学者郑国恩，瑞典学者叶必扬，欧盟理事会政治与安全委员会，欧洲议会人权分委会，德国墨卡托中国研究中心，丹麦民主联盟基金会。3月26日，中国对英国4个团体和9名英国公民实施制裁，包括保守党前领袖伊恩·邓肯·史密斯。3月27日中国宣布对美国、加拿大有关人员和实体实施制裁，包括：美国国际宗教自由委员会主席曼钦、副主席伯金斯，加拿大议员庄文浩，负责人权事务的加拿大议会某委员会。据西班牙《先锋报》网站3月28日报道，“针对美国、加拿大基于谎言和虚假信息于3月22日对中国新疆有关人员和实体实施单边制裁的行径”，北京在其反制裁名单上又添加了华盛顿和渥太华的个人和机构。

被施以反制裁的相关人员及其家属被禁止入境中国内地及中国香港特别行政区、澳门特别行政区，他们及其关联企业、机构也已被限制同中国进行往来。中国此举不仅打破了发达国家的抹黑阴谋维护了我国形象与国家主权，更是基于对等原则对于我国公民和机构海外权益的保护。

3. 领事保护在地方的发展

2013年5月，广东外事办专门设立了涉外安全处，该涉外安全处的职能中含有协调、指导和处理广东省在境外公民和机构安全保护方面的相关事务等。2013年12月，北京市人民政府外事办公室向媒体宣布，其下设的领事保护处正式设立，成为国内省级行政区建立的首个领事保护专门机构。之后各省市逐步建立了领事处或者涉外安全处等相关机构。在2011年的利比亚撤侨事件中，地方政府将本省在利企业的信息，如人员、企业数量、项目所在地和安全情况等统一交由外交部，以便撤侨工作的协调安排。

4. 市场机制在领事保护领域的运用

市场机制的引入对于政府提供的领事保护而言是一个很好的补充。它能提供政府难以提供的安全服务项目，特别是针对个人和海外投资的企业。对此，私营军事和安保服务公司（Private Military and Security Company，PMSC）的建立是中国领事保护在发展多元参与方面的一个重要体现。还有北京天骄特保（保镖）安全顾问有限公司、山东华威保安集团股份有限公司等企业，都已发展成为有一定实力的安保公司。例如，2004 年成立的华信中安（北京）保安服务有限公司自 2011 年起在印度洋沿岸设立海外基地并开始承接海上武装护航业务，这是中国首家拥有海上武装护航业务的公司。早在 2013 年 10 月，华信中安完成护航 400 航次，其间从未造成人员、货物损伤。

总体而言，中国公民领事保护在新中国成立初期并不顺利，究其原因，虽有物资、人力、经验等的贫乏，但更重要的是一直受制于社会主义阵营和资本主义阵营这一国际对抗关系的影响。自改革开放以来，由于内部政治环境和外部国际环境的深刻、有利变化，中国公民领事保护走过了稳定的发展时期，各方面成果收获颇丰。这一时期的领事保护开始逐渐走出政治因素的影响，渐趋有利、有力和独立，从对义务的重视向对人的重视转变，成为“政治以外的政治”。2004 年，随着《宪法》对于人权的规定，中国对于公民的领事保护已成为中国政府保障和尊重人权的重要表达方式之一，中国海外公民也真正成为具有独立意义的保护对象，国家也进一步加大了对领事保护的投入，中国的领事保护发展更加迅速。

二、中国领事保护机制现状

（一）海外公民领事保护立法与制度层面需加强

1. 有关领事保护的法律效力位阶不高且实践操作难度大

中国的领事保护立法起步较晚，领事保护的专门性法律从 2004 年才开始研究、制定和施行。虽然领事保护的立法已经逐渐完善，涉及的方面也已经比较全面，但关于领事保护的立法层级仍较低。虽然 2004 年修订的《宪法》中有“尊重和保护人权”一项,但该规定对于领事保护制度而言较为抽象。2009 年原国务院法制办发布的《中华人民共和国领事工作条例(征求意见稿)》至今也仍未实施。2009 年 10 月 31 日由全国人民代表大会常务委员会通过,2010 年 1 月 1 日起施行的《中华人民共和国驻外外交人员法》是立法层级较高的一项法律文件,但这其中只有第二章的职责当中提到,“维护中国公民和法人在国外的正当权益”。除此之外,绝大多数立法是应急预案、工作条例、实施方案、安全常识、管理规定、服务指南等低层级的法律文件,而且这些文件还存在未针对具体情况而予以规定等明显问题,①所以操作起来难度更大,可行性差。这些文件多数是在总结经验的基础上进行统一编纂的,这就难以避免这些文件在执行过程中遭遇尴尬境地,如缺少对领事保护对象的区分,对老人、孩童、青年人以及残疾人的领事保护方式是类似的,但实施起来的具体情景是不一样的。

2. 领事保护机制需健全

虽然我国领事保护机制建设一直在推进中,但发展速度与实际需要相比还是显得相对缓慢。目前发挥作用的主要领事保护机制有:预警机制,即通过网站、文件、新闻、公告、指南等形式发布预警信息,中国领事服务网等都是这一机制的组成部分;应急处理机制,即境外中国公民和机构安全保护工作部际联席会议制度,是一个统一和协调的领导机制;领事磋商机制,即以定期或者不定期进行信息交流的制度。

这些机制在中国公民在国外遭遇治安案件和紧急状况时发挥了保护作用,但这些机制尚且不够完善。首先,领事保护的重点放在了应急机制的建设上,预防机制的建设需更充分。关于应急机制的建设是比较全面的,更重要的是这个机制是由政府统一实施的,有强制力作为保证。但预防机制应受到更大的重视。例如,一些出国旅游人员在出国时仅知道遇到困难向大使馆寻求帮助;还有一些企业在海外投资或者建设项目时仅依靠经验防范风险,发生领事保护案件也只等着

① 参见卢文刚、黎舒菡:《中美海外公民领事保护比较研究——基于应急管理生命周期理论的视角》,载《社会主义研究》2015 年第 2 期。

政府来施救。其次,在某些地区,由于事件本身的复杂性,现行的机制不足以应对,或者在当地的领事保护机制尚未成熟时,只能靠外交官个人的能力来处理事件,甚至在海外同胞的安全受到突发事件的影响时,在非常紧急的情况下还需要动用外交官在当地的人脉关系。2006 年 6 月,所罗门国内局势突变,中国决定从所罗门撤侨,但由于中国与之并未建立外交关系,所以营救难度非常大。后来中国驻巴布亚新几内亚大使利用自己在该地区的人脉关系,在当局和反对派领导人之间进行斡旋,终于将中国侨民安全撤回。虽然外交官的个人能力在一定程度上弥补了机制缺失的漏洞,保护了中国公民的海外安全,但不可否认的是,如果该地区的外交官没有这样的“人脉”,那么在所罗门地区的中国侨民的人身安全就可能无法得到保障。

(二)海外公民领事保护能力待加强

1. 人力、资金等的配备和投入待加强

在人力方面,中国外交官员的配备需要加强。“外交部是外交政策的神经中枢,而外交官则是保持这一神经中枢和外部世界双向交流的外部触须”,①“外交是如何运作对外政策的艺术,而外交官是主要的操盘手,是可以发挥施动性作用并对结构产生影响的一个群体”②。领事保护的工作主要是由外交官员来承担的,领事保护的机制也是靠外交官员来实施和运作的。不过,外交官员的工作并非只有领事保护,他们还要承担宣传、接待、服务、认证等多种工作职责,这需要大量的人力来完成。而我国作为人口大国,领事保护需求巨大,我国外交人员的数量与我国领事保护需求之间存在较大的不对等。同时,专业外交人才对于语言和专业知识都具有较高的要求,我国目前在外交人才方面仍具有较大缺口。

在资金方面,领事保护的外交投入仍需加强。领事保护工作需要领事保护经费作为保障和基础,2005 年 12 月,外交部设立领事保护专项经费。这是新中国成

---

① [美]汉斯·摩根索:《国家间政治——权力斗争与和平》,徐昕、郝望、李保平译,北京大学出版社 2006 年版,第 567 页。

② 赵进军主编:《中国外交官与改革开放》,世界知识出版社 2013 年版,第 17 页。

立以来首次为保护海外公民而设立的专门经费。中央财政部门为外交部设立领事保护专项经费后,中国驻外使领馆也逐渐有了专门的领事保护工作经费,但因金额有限,所以在使用方面控制得很严格,只能对遇到紧急情况的中国公民提供一些小额的帮助。①

2. 应对非传统安全问题的能力待加强

中国海外权益已经拓展到海外各个地区和领域,但基于各国法律的完善程度,各地区治安治理的有效程度、经济能力的承受范围、政治事件的烈度控制和对华人华侨的社会心理等诸多方面的参差不齐,非传统安全领域内的领事保护案件很多时候在用尽当地救济原则的情况下,中国公民海外的人身和财产安全也可能不能获得充分保护。例如,很多国家和地区在与恐怖主义的斗争中自顾不暇,在混乱秩序中根本无法顾及在当地的中国公民的安全和合法权益。

中国的军事力量参与非传统安全的领事保护事件面临很大阻碍。首先,缺乏国内法律与国际法的法律依据,只能作为一种临时支援性手段“备用”。国内没有关于派遣军事力量保护海外公民的相关法律,如果在发生中国公民遇险的情况下,军队不能提供直接的保护而只能提供医疗救助或者工程基建等的援助性手段。例如,2012 年 1 月,中水电公司 29 名员工在苏丹遭武装劫持,中国维和大队请战,提出“同胞一天不安全,官兵一天不上岗”的口号,但最终仍没有办法参与到解救人质的行动中。再如,在 2015 年 11 月的马里劫持事件中,中国驻马里维和部队也无权出动帮助解救中国公民。其次,武装力量由于受到地理环境、自身能力限制,也无法在短时间内深入其他国家帮助在当地遇险的中国公民。这其中主要因为中国在海外没有军事基地的支撑,遇到重大领事保护事件也只能从国内急派。中国 2010 年业已成为世界第二大经济体,但海外基地才刚刚开始建设且阻力重重。这对中国海外领事保护能力的提升是一种限制因素。

① 参见夏莉萍:《中国领事保护需求与外交投入的矛盾及解决方式》,载《国际政治研究》2016 年第 4 期。

3. 领事保护的多元参与待加强

中国海外公民的领事保护自2004年以来已经取得长足的进步，基本建立了中央、地方、驻外使领馆、企业和个人“五位一体”的海外安全保护工作机制，但主要是由政府主导，其他主体的参与严重不足。

作为政府提供领事保护的一种补充手段，私营安保市场的发展面临众多问题。一是市场发展不够充分。中国的私营安保服务在不断发展，但中国安保行业整体上仍处于初级发展阶段，有实力开拓海外市场的私营安保公司并不多，总体规模仍在个位数。二是国内立法不完善。虽然在2010年施行的《保安服务管理条例》《公安机关实施保安服务管理条例办法》等将私营军事和安保服务公司（PMSC）纳入了监管网络，并加强了监督监管，但中国安保公司在其他国家和地区派遣外出安保人员的签证等具体涉外事务上的问题在法律层面上仍缺少支撑和说明。三是枪械问题。国内对于枪械的管理非常严格，而关于海外配枪还属于立法上的空白。四是在国内层面和国际层面，涉外业务如何监管的问题并没有得到很好解决。目前中国尚未开展针对国内私营安保公司涉外资质的审核和认证，但是实践中已有中国私营安保公司在海外拓展业务，此现象可能会导致海外贿赂风险的增加。因其业务的涉外性，对于私营军事和安保公司的监管十分困难和复杂，有关私营军事和安保公司的国际监管的合作也显不足。中国在联合国大会人权理事会上强调，从私营军事和安保公司的活动尤其是在各自的母国以外开展的活动来看，目前缺乏有效的监管、问责和监督机制。

三、中国现行领事预防机制和应急协调机制

（一）领事保护预防机制

领事保护预防机制要求外交部在商务部、公安部等其他部门的配合下，通过发布旅行预警信息，加强对出国人员的宣传教育，普及国际旅行知识，强化派出机构安全防范工作等手段，以避免或尽可能减少危及中国公民海外人身和法人财产

安全的案件发生。[①] 由于海外公民背景多样化，中国领事保护预防机制可以大致分为两个层次：一是针对所有海外公民的普遍性预防机制；二是针对专门人群的特殊预防机制。

第一层次预防机制的主要内容包括外交部、商务部等中央政府部门和中国驻外使领馆通过官方网站发布海外安全预警信息，提醒海外公民和企业注意安全；外交部发行书面宣传材料（如《中国领事保护和协助指南》和《海外中国公民文明指南》）并通过举行大规模宣传活动（如“树立海外中国公民文明形象宣传月”活动）来增强公民在海外的安全防范意识等。

第二层次预防机制的内容因保护对象不同和涉及的部门不同而有所区别，所要探讨的海外中资企业和员工有关的预防机制主要涉及商务部、国家发展改革委、国资委等部门。此类预防机制又因企业和员工所在地的风险级别不同大致分为两种，一是关于在非高风险国家运营的中资企业和员工的预防机制；二是关于在高风险国家运营的中资企业和员工的预防机制。

这两种预防机制都遵循政府指导、企业管理的基本原则。在政府方面，商务部会同外交部、国家发展改革委和公安部等建立对外投资合作境外安全风险监测和预警机制，定期向对外投资合作企业通报境外安全信息，及时发布安全预警；地方相关主管部门负责对本地区企业境外安全管理制度进行指导并监督检查；各驻外使领馆负责对驻在国安全信息的收集、评估和预警，在企业上报信息的基础上建立驻在国或地区对外投资合作企业在外人员相关信息备案数据库，详细掌握在当地从事对外投资合作的中方各类人员相关信息，负责对驻在国中资企业的一线指导、管理、巡查。在企业方面，本着“谁派出，谁负责”的原则，对派出人员在出国前开展境外安全教育和培训；制定境外安全管理制度，建立境外安全突发事件应急处置机制，指导派出机构制定安全防范措施和应急预案；将在外人员相关信息报送给驻在国或地区使领馆；通过环境保护、解决当地就业，积极参与公益事业等活动为开展对外投资合作营造良好外部环境。此外，赴高风险国家和地区开展业

---

① 参见夏莉萍：《从利比亚事件透析中国领事保护机制建设》，载《西亚非洲》2011 年第 9 期。

务的企业在有关风险预防机制下的程序制约更为严格，除遵循在非高风险国家预防机制的各项规定外，各地商务和发展改革部门应履行审核职责，严格审查赴高风险地区运营的中资企业；公安部门履行对人员的安全提醒职责；企业在开展海外业务之前，须聘请专业机构进行安全风险评估，细化境外安保方案，保障境外安全投入，降低境外安全风险；在开展海外业务时，建立完整的境外安全管理制度，并根据当地安全形势雇佣保安或武装警察，以增强安全防护能力，提高安全防护水平；企业应及时到驻外使领馆报到登记，并接受驻外使领馆的指导和管理。当然，其前提是由外交部会同商务部、公安部等有关部门确定高风险国家名单。①

（二）领事保护应急协调机制

正如预防机制因保护对象不同而涉及不同部门一样，因出国人群多元化，对他们的应急管理涉及国内各个不同的部门，一个由外交部、商务部、公安部、国资委等中央国家机关、各级地方政府、企业和侨团等多元参与的应急协调机制应运而生。

首先，《中华人民共和国突发事件应对法》自 2007 年 11 月开始实施，在该法的框架下，各级政府机构建立了相应的应急预案。在涉外领域，国务院制定了《国家涉外突发事件应急预案》，各级政府部门也随即制定了相应的涉外应急预案。保护中国公民和法人的海外安全成为各类涉外突发事件应急预案的核心内容，领事保护应急机制建设因此具备了相应的法律基础。

其次，各层面的应急机制建设在中央政府层面，由境外中国公民和机构安全保护工作部际联席会议负责统一指挥、协调境外涉中国公民和企业的重大领事保护事件的处置工作，目的是完善重大危机事件的外交解决程序，提高工作效率。

① 参见商务部等部门《关于加强境外中资企业机构与人员安全保护工作意见的通知》（2005 年 9 月 28 日）、《对外承包工程管理条例》（2008 年 7 月 21 日）、《境外中资企业机构和人员安全管理规定》（2010 年 8 月 13 日）、《对外投资合作境外安全风险预警和信息通报制度》（2010 年 8 月 26 日）、《对外投资合作企业在外人员相关信息备案制度》（2010 年 10 月 22 日）。

上述机制的成员包括26个国务院机构和军方有关部门。一旦发生涉及中国公民海外安全的大规模突发事件,部际联席会议制度就会启动,就各部门协调处理此类案件作出紧急部署。

在外交部和驻外使领馆方面,领事保护中心负责处理和协调有关各方参与领事保护工作。所有驻外使领馆实行中国公民自愿登记制度,以便在紧急状况下取得联系。外交部办公厅值班室24小时值班接听来电,对于涉及中国公民海外安全问题的电话,值班人员必须第一时间上报并立即与外交部领事保护中心的负责官员联系。如发生涉及中国公民或法人重大人员伤亡或财产损失的领事保护案件,应立即启动应急机制。应急机制的主要内容是:组成应急小组,制订工作计划;确定联络方案,保障信息畅通;开设热线电话,收集各方资讯;协调国内外有关单位共同展开工作。启动应急机制后,外交部首先要迅速地将案情上报中央,同时和使馆保持联系,及时掌握最新情况,并把信息尽快传达给派出单位的主管部门。

在地方政府层面,各级地方政府也建立了相应的应急协调机制,有的省份如广东、福建等省的外办新设立了"涉外安全处",专门负责协助外交部处理涉及海外本省居民的领事保护案件。在企业层面,一些大型企业内部同样也建立了一整套应急和协调机制,例如,中石化集团公司成立了三级处理境外突发事件的体系,分别为:集团公司层面,执行境外投资项目、工程建设、外派工程劳务及设有境外机构的各分公司层面和各驻外机构(代表处、办事处、公司、项目部)地的项目部层面。

总之,在我国现有法律框架内,历经多年的发展完善,中央、地方、驻外使领馆、企业和个人"五位一体"的公民与企业海外安全保护联动应急机制已基本建立起来,能够发挥出其应有的应急保护功能。

第五章　中国公民海外安全现行平面保护机制的完善

第一节　外交保护机制的完善

外交保护是国际法上保护在外国的本国公民的传统制度,现代意义上的外交保护实践出现在18世纪末期,到了19世纪,在新的政治和经济形势下,有关外侨的地位问题变得具有普遍性,当时主要牵涉投资母国和东道国之间的冲突。涉及有关外交保护的双重管辖、国家责任、人权保护等理论成为外交保护立法被国际法上广泛承认的正当性基础,虽然外交保护制度具有长期和普遍的实践,而且被证明为是行之有效的一种途径,但是外交保护的规则主要体现为一些国际习惯规则和国际性司法、仲裁判例,缺乏一部全面的国际公约对其进行系统性阐述。综上所述,随着国际人员和经济交往的日益频繁,一国在海外的公民和法人合法权益极易被侵犯,而外交保护是最重要的保护手段之一,因此厘清外交保护制度和分歧问题,完善公民海外权益外交保护制度尤为重要。

一、加强外交保护的理论研究

古希腊哲学家亚里士多德说过:“法律就是秩序,有好的法律才有好的秩序。”我国进行外交保护立法,保护中国公民和法人海外的正当权益,有利于建立和谐、稳定的社会秩序。“立法准备阶段在立法活动过程中有重要的价值”①,“它事关立法的质量、立法的效果”。高质量的立法离不开在立法准备阶段对相关资料的理论研究。我国在进行外交保护立法时,对相关资料进行系统的理论研究,能为立法提供理论支持。《外交草案》之所以能代表外交保护制度未来的发展方向,也离不开联合国国际法委员会、世界各国政府和国际法学界对其进行的深入研究。我国外交保护立法可以学习和借鉴这些有益经验,以加强外交保护理论研究。2012 年 1 月苏丹和埃及境内相继有中国建筑工人被绑架和劫持,外交学院当代中国外交研究中心主任张历历在当时指出,中国外交保护面临诸多新挑战。为此,我国应对深入研究外交保护问题,形成新时代外交保护的理论。可以在以下方面加强理论研究。

1. 外交保护的定义

我国包含外交保护的法律法规没有明确规定外交保护的定义,所以何为外交保护,目前不存在国际法和国内法的依据。虽然领事司颁布《中国领事保护和协助指南》(2015 年)中明确了领事保护,但是相关外交保护的法律及其政策都没有明确外交保护的定义。只有领事保护定义,而没有外交保护定义,在外交实践中还是很难把外交保护与领事保护区分开。目前我国学界对外交保护的定义也存在争议,外交保护的定义存在模糊性、不确定性,我国外交实践中经常把外交保护与领事保护混同执行,外交机构及外交人员对外交保护的定义理解不同,履行的外交保护职责也会不同,这样就很难切实有效对海外公民、法人提供外交保护。在守法、司法、执法等环节中对外交保护的定义有“确定性”的要求,可以通过立法

---

① 张文显主编:《法理学》,高等教育出版社、北京大学出版社 2009 年版,第 229 页。

措施解决它的“确定性”问题。[1] 所以,加强外交保护的理论研究首先应该明确外交保护的定义。对于如何界定外交保护,虽然《外交草案》在第1条“定义和范围”中没有明确规定外交保护的定义,但是可以作为重要的参考资料,因为该“准定义”或者说“基本概念”在事实上已经比较完整和稳妥了。结合我国国情可以增加两点:一是外交保护的性质,即国家权利;二是增加“在公民、法人用尽当地救济后”内容,体现外交保护三个行使条件之一的用尽当地救济原则,即在外交保护专门法律中的外交保护定义条款为“外交保护是指中华人民共和国对于外国国际不法行为给中国公民、法人造成损害,在中国公民、法人用尽他国当地救济后,通过外交行动或其他和平解决手段援引他国的责任,以期使他国责任得到履行的权利”。外交保护的性质(权利)、外交保护的范围(中国公民、法人),还有外交保护的三个行使条件(实际损害原则、国籍持续原则和用尽当地救济原则)在该定义中都得到了体现。

2. 关于外交保护的性质问题

传统理论认为,外交保护是国家的权利,而不是个人的权利,即国家有权对本国国民进行外交保护,因此,国家在必要时也可以放弃这种外交保护,个人无权要求国家进行外交保护。随着国际人权法的发展,对外交保护的性质问题逐渐从“权利说”转变为“义务说”。因此,有学者主张外交保护是国家对本国国民的义务,一些国际人权公约及有关国家的国内法即作了这样的规定。对外交保护的性质的定位是关于外交保护最重要的问题。从理论上看,关于外交保护的性质,传统上认为外交保护是国家的权利,而不是个人的权利,这被称为外交保护的“国家特征”。[2] 但是,这一传统定位在人权法的发展下逐渐被推翻,在联合国国际法委员会2000年第五十二届会议上,一些对这一传统观点持反对意见的委员认为“这一立场是国际法中一个令人感到遗憾的地方。目前国际人权法的发展要求一国承担义务,对受害的国民实行外交保护。而且,许多国家的宪法规定国家必须保

① 参见汪全胜、张鹏:《法律文本中“定义条款”的设置论析》,载《东方法学》2013年第2期。

② 参见孔小霞:《论外交保护制度的发展——兼评〈外交保护条款草案〉》,载《河南师范大学学报(哲学社会科学版)》2008年第4期。

护在国外本国国民的合法权益,该国民在侨居国外时有权得到保护”。但是,特别报告员认为,上述主张是一个逐渐发展的学说,而不是编纂领域的一个拟议法建议,因而对其表示拒绝。因此联合国国际法委员会在第五十六届大会上“一读”通过的《外交草案》中并没有采纳该观点。因此,对外交保护性质的争议成为关键。我国有学者认为《外交草案》将外交保护的性质界定为国家权利,外交保护的进行和方式都是国家自身裁量的结果,因此,外交保护不应作为国家自由裁量取舍的权利,而应是国家权利与义务的一体化。一些国家如俄罗斯、韩国等已经通过国内法如在《宪法》中规定国家有保护本国国民在境外人身和财产安全的义务,而国际人权法的发展也使得人们更倾向于认为外交保护应该成为国家对本国海外公民的义务。因此,外交保护问题不但是一个国际法问题,还是一个国内法问题。

3. 外交保护的范围

虽然以上外交保护的定义已经体现出中国公民和法人是我国外交保护的对象,但是外交保护的范围不应只局限于二者,还需要把无国籍人和难民纳入我国外交保护的范围,这既顺应《外交草案》的立法趋势,也践行了我国“保障人权”的理念。一是顺应《外交草案》的立法趋势。扩张个人人权,限制国家主权的呼声非常强烈,这种呼声在外交保护制度中也得到了回应。上文提及,《外交草案》第8条明确规定了外交保护范围包括无国籍人和难民在内。外交保护的对象包括无国籍人和难民获得了各国公认,对联合国国际法委员会提出的该条文,很多国家(如巴拿马、荷兰、丹麦、芬兰、瑞典、挪威、冰岛)表示肯定和支持。其中,巴拿马表示:“《外交保护条款草案》第8条把无国籍人和难民纳入外交保护的范围,既是合乎情理的,又在实际上有利于这一规定在国际法上逐渐发展完善。”挪威则称赞道:“《外交保护条款草案》能给予这些弱势群体(无国籍人和难民)外交保护,这是很有意义的。”[①]需要指出的是,我国政府对于《外交草案》第8条扩大了外交保护范围的规定也采取积极支持的态度。在针对“一读”通过的《外交草案》发表意

---

① International Law Commission, *Diplomatic Protection*: *Comment Stand Observations Revised from Government*, New York: United Nations Publication, 2006.

见时,中国代表薛捍勤女士就明确表示支持,①她在第五十七届联大第六委员会关于"国际法委员会第五十四届会议的报告"议题(外交保护和委员会的工作)的发言中明确表示"支持将难民和无国籍人纳入外交保护框架内"。"二读"通过《外交草案》后,中国代表段洁龙在第六十一届联大第六委员会关于"国际法委员会第五十八届会议工作报告"议题中,就"外交保护"和"国际法不加禁止的行为所产生的损害性后果的国际责任"两项专题的发言也明确表示"赞同《外交保护条款草案》第8条所确定的对无国籍人和难民行使外交保护"。两位代表在联合国会议上支持对无国籍人和难民提供外交保护的态度,代表着我国政府的态度,所以在出台外交保护专门法律时,把无国籍人和难民纳入我国外交保护的范围,顺应了《外交草案》的立法趋势。

二是践行我国"保障人权"的理念。人权中包括的广泛的权利(如生存权、发展权)是作为人不可或缺的权利,每个国家都有义务尊重和保障每个人的人权,这里说的"每个人"不仅包括该国公民,理所当然包括无国籍人、难民。"国家尊重和保障人权"在2004年被写入了我国《宪法》的第33条第3款,这是我国第一次在《宪法》中使用"人权"字眼明确规定对"人权"的保护。"尊重和保障人权"不仅是《宪法》的一项基本原则,也是依法治国的目的与法治建设的根本目标,贯穿于立法、执法、司法、守法等各方面。所以,在全面推进依法治国的进程中要不断融入"尊重和保障人权"的理念,具体到出台外交保护专门法律时,也需要融入这一理念。把无国籍人和难民纳入我国外交保护的范围,就是践行我国《宪法》"尊重和保障人权"的理念,也体现了我国积极参与和支持国际人权事业的发展。

4. 外交保护的行使条件

实施外交保护的条件包括国家的国际不法行为、国籍持续、用尽当地救济。三个条件在当代外交保护制度中都出现了新的发展和变化,②主要体现以下几点:

---

① 中国代表薛捍勤女士在第五十七届联大第六委员会关于"国际法委员会第五十四届会议的报告"议题(外交保护和委员会的工作)的发言中明确表示"支持将难民和无国籍人纳入外交保护框架内"。

② 参见万霞:《外交保护制度研究》,外交学院2012年博士学位论文,第81~88页。

一是关于国家的国际不法行为。2001 年“二读”通过的《国家责任条款草案》和 2006 年“二读”通过的《外交草案》的相关规定中,虽然《外交草案》的 19 条条文均没有直接提及国际不法行为,但是《国家责任条款草案》对其作出了具体的规定。

二是关于国籍持续。如上文所述,《外交草案》第 5 条第 2、3、4 款对国籍持续原则作出了新的规定,《外交草案》第 8 条还规定了对无国籍人和难民可以实施外交保护。

三是关于用尽当地救济原则。上文也已经提及,《外交草案》第 15 条也详细地规定了“用尽当地救济”的例外情形。

首先,世界各国要对本国的公民和法人实施外交保护必须遵守这三个条件,然而以上三个条件也是在不断发展和变化,这要求各国对于外交保护行使条件的理论研究要不断深入并与国际法相衔接,使其更具可操作性和实用性。其次,对于外交保护的行使,尽管当代国际社会的总体发展趋势是相互合作、和平共处、共同发展的,但地区经济发展差距仍然很突出,由此引起的国际地位差异仍不可忽视。由于外交保护权是独立主权派生的国家固有权利,所以应得到任何其他国家的尊重。然而,优势国家有可能会以权利的行使为掩护,通过给劣势国家政府施加压力、制约经济交往等方式影响甚至干涉别国内政,阻挠别国发展,这种制度在某些方面,反而成为大国强权的合法理由。究竟如何防止外交保护成为大国强权的借口,也是有关外交保护理论研究的重点方向之一。

二、在理论研究指导下逐步完善外交保护立法

要解决我国外交保护中所存在的问题,首先就是要尽快制定我国的外交保护法,在外交保护法中明确诸如外交保护机关、国籍问题的规定,可从以下几点入手。

(一)外交保护的立法目的

我国在制定法律文本时,往往在这些法律文本的第 1 条开宗明义地规定立法

目的,这是立法工作中的有益经验,也是保证立法的规范性所要求的。[①] 立法目的及其表述的条款并非单纯的立法问题,还涉及守法、执法、司法、监督等多个环节。所以,不难看出设立外交保护的立法目的这一条款,不仅有利于确保外交保护立法工作的科学性、规范性,提高其立法质量,而且还有利于为外交保护交涉的各方提供相关的法律依据;有利于外交保护实施部门及其工作人员准确地理解外交保护专门法律的宗旨,有的放矢地实施外交保护;有利于海外中国公民了解外交保护专门法律的目的,增强法律意识和责任意识,遵守所在国的法律法规,当其合法权益受到所在国非法侵害时,正确地行使外交保护专门法律赋予的权利。因此,在出台外交保护的专门法律时,可以设立法目的条款。本书参考《立法技术规范(试行)(一)》(法工委发〔2009〕62 号)的相关规定,[②]还参照《领事工作条例(征求意见稿)》第 1 条即为了规范和保障中华人民共和国驻外国的领事机构依法履行职责,维护国家利益以及中国公民、法人和其他组织在国外的正当权益,组织起草本条例。关于立法目的的规定,建议设立外交保护的立法目的条款,即"为了保护中华人民共和国的国家利益以及中国公民和法人在国外的正当权益,制定本法"。

(二)外交保护的立法原则

法律原则是在一个法律体系中为其他法律规则和概念提供基础性或本源的原理和综合性规则。[③] 国际法上的国家主权原则、和平解决国际争端原则等都是国际社会普遍承认和接受的法律原则。《外交草案》的相关条文也体现了国际法的相关原则。外交保护援引的是国家责任,涉及主权国家间的利益博弈,所以我国在出台外交保护专门法律时,也应遵循国际法的相关原则,如相互尊重主权原

① 参见《立法技术规范(试行)(一)》(法工委发〔2009〕62 号)明确规定:"法律一般需要明示立法目的。"

② 参见《立法技术规范(试行)(一)》(法工委发〔2009〕62 号)的相关内容明确规定:"立法目的的内容。"

③ 参见张文显主编:《法理学》,高等教育出版社、北京大学出版社 2009 年版,第 121 页。

则、和平解决国际争端原则。[①]

(三)外交保护的法律依据

第一类是国际法。目前国际上对于外交保护的规定仅有一部,即《外交草案》,但由于目前各国对此尚存在分歧,因而其仍未转换为公约。目前外交保护的法律依据是《维也纳外交关系公约》第3条第1项乙条款的相关规定:使馆“在国际法的允许范围之内,使领馆可在其所在国国内保护其国家及公民的权益”,但该公约对于实施外交保护的具体方法和保护的范围,没有作出更细致的规定。实践中,各国实施外交保护主要依赖于国籍国和公民所在国之间所签订的双边国际协定。此外,国际惯例也会频繁地作为各国实施外交保护的法律依据。

第二类是国内的立法。至今我国尚未有对于外交保护的专门法律,仅是散见于各项法条中。例如,根据《宪法》的有关规定,国务院是外交保护权的实施机关,国家应当维护华侨及其家属的安全;《中华人民共和国驻外外交人员法》对驻外外交人员安全的保护进行了规定;《中华人民共和国归侨侨眷权益保护法》对归侨及侨眷的安全保护进行了规定。

(四)外交保护法律编纂的主要内容

外交保护问题属于“外国人待遇”范畴,而“外国人待遇”尚无国际法上的统一标准。因此外交保护问题是联合国国际法委员会关注和编纂的一个重要国际法问题。国际社会对外交保护法的编纂从很久以前就开始了,不过在早期这一编纂是在国家责任的名义下进行的,因为传统的国家责任的范围仅涉及对外国人生命和财产造成损害的国家责任问题。联合国国际法委员会第一任特别报告员古巴籍委员加西亚·亚马多自1956年起开始起草国家责任条款,即以外交保护的实体规则为主要对象,将因对外国人及其财产造成损害而产生的国家责任作为编纂的

---

① 参见《联合国宪章》第2条规定:“为实现第一条所述宗旨起见,本组织及其会员国应遵循下列原则:……三、各会员国应以和平方法解决国际争端,避免危及国际和平、安全及正义。”

主要内容。联合国国际法委员会于1996年第四十八届会议确定“外交保护”为适于编纂和逐渐发展的三个专题之一。① 同年,联大第51/160号决议请联合国国际法委员会按照第六委员会辩论期间提出的评论和意见以及各国政府可能提出的书面评论,进一步审查这一专题并说明其范围和内容。联合国国际法委员会在第四十九届会议期间按照大会上述决议,设立了关于外交保护法专题的工作组。工作组在同届会议上提交一份报告,得到了联合国国际法委员会的核准。

报告指出工作组应设法:(1)尽可能明确外交保护这一专题的范围;(2)界定这一专题所应研究的问题。工作组拟议了这一专题的大纲,联合国国际法委员会建议以这一大纲作为特别报告员提交初步稿的基础,并先后任命了穆罕默德·本努那先生和约翰·杜加尔德先生担任特别报告员,他们共向联合国国际法委员会提交了八个报告。联合国国际法委员会于2004年第五十六届会议上完成了关于外交保护的一组19条的条款草案的“一读”。从这些编纂努力可以看出国际社会对外交保护问题的一贯重视,可以看出对外交保护的规则进行编纂一直是一个受到普遍关注的问题,说明国际社会亟待明确外交保护制度的各项规则。联合国国际法委员会于2006年“二读”通过了包括19个条款的《外交草案》。“一读”通过的条款草案包括四个部分:第一部分是一般规定,包括外交保护的定义和范围、行使外交保护的权利;第二部分规定了国籍,包括国籍国行使外交保护的一般原则,以及对自然人和法人的保护问题;第三部分规定了用尽当地救济原则及其例外;第四部分是其他规定,包括外交保护以外的行动或程序、特别条约条款和船员保护。

在出台外交保护的专门法律时,还应明确其他重要内容,主要包括以下几个方面。

1. 外交保护的实施主体

已如前述,我国包含外交保护的法律法规没有明确规定外交保护的定义,所

① 参见王秀梅、吴殿朝:《非传统安全背景下的海外中国公民保护问题初探》,载《广东外语外贸大学学报》2009年第5期。

以关于外交保护的实施主体亦没有进一步作明确的规定。外交保护是由国家实施,不是由个人实施的,其援引的是国家责任,处理的是主权国家间的争端,而《外交草案》在第 3 条第 1 款也只是规定了国籍国有权对本国国民进行外交保护,没有具体规定由国家哪些机构实施外交保护。所以,在出台外交保护专门法律时,应该明确外交保护的实施主体。由于外交保护以国家名义行使,使馆是我国在建交国首都派驻的常设外交代表机关,使馆代表整个国家的利益,其交涉的对象是驻在国的中央政府,其职责范围遍及驻在国全国,而领事馆交涉的对象是驻在国的地方当局,其职责范围只是其所辖的地区。所以,结合我国国情,不应由中华人民共和国驻外国的领事机构和领事官员实施外交保护,而应由中华人民共和国驻外国的使馆和使馆官员实施外交保护较为适宜。本书建议在出台外交保护专门法律时增设外交保护的实施主体条款,即"中华人民共和国驻外国的使馆和使馆官员负责实施外交保护"。

2. 外交保护的经费保障

"经济基础决定上层建筑",我国要有效维护中国公民海外安全权益,经费就是最基础与重要的保障。无论是领事保护,还是外交保护都离不开经费保障。然而现实的情况是,我国领事保护工作的经费保障并不充足。外交部领事司司长罗田广曾谈道,"由于财力有限,我国驻外使领馆提供领事服务的资金不足"。虽然《领事工作条例(征求意见稿)》第 4 条第 3 款规定了领事保护的经费保障,但是其至今尚未生效,所以领事保护所需的经费缺乏现行有效的法律保障。经费不足一直是领事保护工作的难题之一,经费不足制约着领事保护工作的开展,经费不足也导致不能配备足够的使领馆工作人员。有关数据显示,我驻外使领馆中做领事保护工作的仅有600 多人,随着我国出境人次的不断增加,有限的领馆工作人员难以应付日益增多的领事保护纠纷。上文中已提及,我国外交实践中领事保护与外交保护混同执行,外交保护比领事保护更缺乏经费保障。但是有了经费保障才能有效开展外交保护工作,从而切实保护我国公民海外合法权益。所以,在参考了《领事工作条例(征求意见稿)》第 4 条第 3 款的规定后,在出台外交保护专门法律时,可以拟定一条"国家保障外交保护工作所需的经费"。

3. 启动外交保护的情形

我国包含外交保护的法律法规以及《外交草案》都没有明确规定在何种情况下可启动外交保护。在出台外交保护专门法律时应规定出现哪些情形时可以启动外交保护，这样有利于外交保护的实施主体更好地开展外交保护工作。

在这方面，可以参考欧盟国家的相关立法。1995 年 12 月 19 日，欧盟成员国政府代表理事会通过了一项关于通过外交和领事代表保护欧盟公民的决议，该决议列举了当出现以下情形时，欧盟成员国可以采取相关的保护行动：逮捕或拘留；事故或严重的疾病；对公民的暴力行为；死亡；帮助遇到困难的公民或协助返回公民返回本国，它还包括向陷入困境的公民提供经济帮助的程序。当然，以上的列举并不详尽。该决议还指出，公民也可以在其他情况下申请国家给予保护，只要是在国家的权力范围内，国家就应立即给予保护。

第二节　领事保护机制的完善

一、完善领事保护立法和制度建设

（一）领事保护立法建设的合理化和全方位

随着全球经济合作的不断加深，未来将有越来越多的中国公民走向世界舞台，他们的安全和利益不仅仅是个人利益和得失，也代表着其背后的组织、法人和国家。下文将结合当前领事保护理论之发展及领事保护实践之所需，有针对性地提出完善建议，这是法律依据研究意义之所在，更是中国公民海外安全得以有效保护之途径。

1. 修正《维也纳领事关系公约》的名称和序言并专辟“领事保护”一章

强化关于公民海外安全领事保护方面的规定，开始以专门性国际公约进行领事保护立法的有益尝试。因此，应考虑修正《维也纳领事关系公约》的领事保护内容，并在其中专章规定“领事保护”。具体而言，可从以下三方面着手：其一，修正“公约名称”。将“维也纳领事关系公约”修正为“维也纳领事关系及领事保护公约”。通过此修正,使公约的主体内容不再局限于国家间领事关系的确立、特权与豁免,还拓展至领事保护的范围、实施程序、争端解决及国家责任。① 其二,修正“公约序言”。将序言中的两处予以修正,一是将“察及联合国宪章关于各国主权平等、维持国际和平与安全以及促进国际间友好关系之宗旨及原则”修正为“察及联合国宪章关于各国主权平等、维持国际和平与安全、发展各国间友好关系以及促进国际合作及对人权和基本自由的尊重之宗旨及原则”。二是将“深信一项关于领事关系、特权及豁免之国际公约亦能有助于各国间友好关系之发展”修正为“深信一项关于领事关系和领事保护之国际公约亦能有助于各国间友好关系之发展,有利于各国和各国国民权利与利益之保护”。通过此修正,将该公约的目的与宗旨由仅仅“为了发展各国间友好关系”扩及至“为了保护各国和各国国民权利与利益”。其三,专辟“领事保护”一章。在原第 5 条“领事职务”中作一般性规定,而将具体的领事保护事务放置在该章中逐一加以规定,并可细分为以下几个部分,发布指导性信息;派遣国国民基本信息登记;向派遣国国民颁发护照或类似的国际旅行证件;民事登记;公证认证;与派遣国国民联系(包括领事通知事务);监护和托管;代表派遣国国民;死亡通知及遗产的保护与处理;突发事件处理;协助、帮助及保护派遣国船舶、航空器及其航行人员等。

2. 拟定中外双边领事条约(协定)文本模式并点面结合地拓宽其覆盖面

在对 48 个中外双边领事条约(协定)关于海外中国公民领事保护的条款进行分类比较分析和归纳总结的基础上,结合当前领事保护实践之需求,扬长避短地拟定中外双边领事条约(协定)文本模式,并以此作为旧约修订的参考以及新约签订的谈判文本。在对 48 个中外双边领事条约(协定)有关同一领事保护事务的条款进行整理并比较之后发现,既有条约(协定)间彼此参考是可行且必要的。例如,前文提及的“领事通知权”条款,共有 31 个中外双边领事条约(协定)对“领事通知权”的具体实施作出细化规定;此外,关于“派遣国法律”和“接受国法律”的

---

① 参见颜梅林:《海外中国公民领事保护的法律依据研究——兼评〈领事工作条例〉(征求意见稿)》,载《华侨华人历史研究》2013 年第 4 期。

界定条款、关于"遗产保护"条款和关于"领事婚姻登记"条款等，在48个条约（协定）间均存在"有规定和无规定"以及"规定细化程度不同"等差别，对此，拟定文本模式时均值得整理和参考。双边领事条约（协定）仅涉及两个国家，相较涉及多个当事国的国际公约而言，更易达成协议。因此，要充分利用这一优势，对国际领事保护实践中有需求而既有条约（协定）中未规定的问题作出规定，如关于"领事保护的界定""领事保护预警、应急和协调机制的建立""与接受国的信息互通机制的建立""领事保护权救济"等条款的拟定。此外，中国应在文本模式的基础上加快谈判步伐，争取不断增加双边领事条约缔约数量，同时在拓宽覆盖面时还应注意针对性和需求性。据学者统计，各洲的安全程度大致分为三个级别：其中亚洲和非洲是最不安全的；欧洲和美洲其次；大洋洲最安全。[①] 海外生存环境越不安全，当地的中国公民就越需要领事保护。因此，今后在谈判缔结中外双边领事条约（协定）的进程中，既要注意面的铺开，也要突出点的把握，也就是说要既有广度又有重点地展开相关工作。

3. 将中国公民海外安全保护提升至《宪法》层面并制定统一规范的单行法

我国作为拥有世界1/5人口的大国，除要在《宪法》中补充规定"中华人民共和国保护中国公民海外的正当的权利和利益"之外，也有必要制定一部统一的专门关涉中国公民海外安全保护的单行法，领事保护则应作为其中重要的内容。早在2006年第十届全国人大代表提出的第206号、第583号议案中就提议制定"保护海外公民安全法"或"境外中国公民合法权益保护法"等单行法律。在这方面的立法实践可参照相关国家的立法实践。例如，日本于2004年制定了专门的《国民保护法》，2005年在《国民保护法》的基础上，日本政府内阁会议通过《有关国民保护的基本方针》，对如何保护海外日本公民的安全作出规定。此后，日本外务省再依此进一步制定了《外务省国民保护计划》。这些构成了日本政府保护日本公民海外安全的完整且统一的法律体系。[②] 中国可在中国公民海外权益保护法的基础

---

① 参见2002年7月2日签订的《中华人民共和国政府和尼日利亚联邦共和国政府领事协定》。

② 参见钱其琛主编：《世界外交大辞典》，世界知识出版社2005年版，第1215页。

上,由国务院制定中国公民海外权益保护实施条例及领事保护条例,再由外交部联合领事保护工作中可能涉及的相关主要部门,共同制定关于中国公民海外安全领事保护工作的部门规章。通过这一立法模式,既可将领事保护工作上升到法律法规层面,亦可让进行实务工作的部门制定较务实且具体可行的规章。此外,还有助于领事保护工作中各部门联动机制的形成。

最后,《中华人民共和国领事保护与协助工作条例(草案)(征求意见稿)》相关规定应更加完善。前文对中国公民海外安全领事保护立法模式进行了整体构想,然而,要实现此构想需要较长的时间。当务之急是仍要对目前已形成的《中华人民共和国领事保护与协助工作条例(草案)(征求意见稿)》进行必要的完善。

(二)领事保护立法建议着手方向

1. 界定中国公民海外安全领事保护的内涵

首先,对领事保护作如下概括式界定:驻外领事机构和领事官员依据中华人民共和国法律和中华人民共和国缔结或者参加的国际条约、国际习惯,在不与接受国法律相抵触的情况下,在接受国境内保护派遣国及其国民正当的权利和利益的行为。① 其次,在广义理解领事保护内涵的前提下,对中国公民海外领事保护事务作较为全面的列举式规定,包括:(1)海外中国公民信息登记制度;(2)失踪事件处理;(3)伤亡事件处理;(4)颁发护照和国际旅行证件;(5)民事登记;(6)公证和认证;(7)同派遣国国民联系;(8)监护和托管;(9)代表派遣国国民;(10)严重刑事犯罪受害人协助;(11)协助、帮助及保护派遣国船舶、航空器及航行人员;(12)提示、警示等指导性信息发布;(13)医疗协助;(14)协助困难者与亲属联系;(15)突发事件处理;(16)驻在国经济、教育、科技、文化等情况介绍;(17)不违反中国法律、不为接受国法律所禁止的其他领事保护事务。再次,在上述列举式规定的基础上,再根据领事保护实践进一步细化区分领事保护诸项事务中,具体哪些情形下应当依职权采取领事保护措施,哪些情形下依申请采取领事保护措施。

---

① 参见谢海霞:《领事保护制度的新发展》,载《国际法学刊》2020年第1期。

最后，上述列举的领事保护事务需要作出细化规定的，在结合中国国内相关立法、中外双边领事条约（协定）之相关条款及领事保护实践的基础上逐条作出规定。

2. 增强条文的明确性和可操作性

有学者指出，《中华人民共和国领事保护与协助工作条例（草案）（征求意见稿）》第3条第2款可修改为“用一切合法的手段调查研究驻在国经济、教育、科技、文化等方面的基本情况，并就此向派遣国政府汇报”。[①] 第7条第1、2款可修改为“外交部及国务院相关各部委、国务院相关各直属机构及办事机构、省地级政府、全国性企业协会及行业协会应当在各自职责范围内及时收集各国政治、经济、法律、交通以及社会安全等方面的情况，利用各自网站和其他全国性媒体渠道适时发布提示、警示等指导性信息；必要时，应及时向境外中国公民和机构安全保护工作部际联席会议反馈，并在联席会议主导下，积极协同和配合建立健全预警和应急处置机制，制定突发事件应急预案”。第8条可修改为“驻外领事机构通过现场和网络两种方式受理在驻在国的中国公民的姓名、住址、联系方式等个人基本信息登记，以及法人和其他组织的名称、住所、法定代表人（负责人）、联系方式等基本信息登记；并建立登记电子档案，信息登记后三日内入档”。第9条第2款可修改为“驻在国有中国公民伤亡的，将知悉的中国公民的伤亡情况立即通知其亲属、工作单位或者其国内原户籍所在地人民政府，出于保护中国公民海外正当安全的必要，及时协助处理善后事宜”。第12条可修改为“驻外领事机构和领事官员接到中国公民、法人或者其他组织提出的领事保护申请，经审查，对属于职责范围内的事项能够答复解决的，应当在七日内予以答复；对不属于职责范围内的事项，以及因驻在国法律限制或者不可抗力等客观因素致使无法有效履行领事保护的，也应在七日内以书面通知的方式予以说明”。[②]

① 参见张丹丹、孙德刚：《中国领事保护的整体思想与机制建设：以利比亚撤侨行动为例》，载《国际论坛》2020年第3期。

② 参见颜梅林：《海外中国公民领事保护的法律依据研究——兼评〈领事工作条例〉（征求意见稿）》，载《华侨华人历史研究》2013年第4期。

3. 建立领事保护事故问责制度

《中华人民共和国领事保护与协助工作条例(草案)(征求意见稿)》中可增设“法律责任”的规定,主要包括:其一,对领事官员给予行政处分的行为作出列举式规定,建议可参考《驻外外交人员法》第33条之规定。其二,对提起行政复议或行政诉讼的情形作出列举式规定,建议规定如下,有下列情形之一的,中国公民可以依法申请行政复议,也可以依法向人民法院提起行政诉讼:(1)认为依职权应当采取领事保护措施,驻外领事机构和领事官员拒绝履行的;(2)认为符合法定条件申请采取领事保护措施,驻外领事机构和领事官员不予答复或没有及时予以答复或对作出的答复持有异议的;(3)认为驻外领事机构和领事官员在领事保护中玩忽职守、滥用职权侵犯其人身权或财产权的。

4. 推动领事保护常态化和系统化

领事保护的立法不应局限在应急处理阶段,应该推动其向常态化、系统化方向发展,建立统一的领事保护立法。进一步健全和完善“五位一体”的领事保护工作机制,强化统一指挥、分级负责、分工明确和相互配合,对内形成由国务院归口统筹,外交部牵头主导,相关部门、地方、企业和个人积极参与,彼此协调、各司其职、各负其责的立体型领事保护体系。①

领事保护不应该仅是散落在各种法律法规和政策文件里面的“蕴含性语义”,也不应该是国际法和国际文件中的概括性、原则性条文,而应该是保护中国海外公民的法律支点和制度保障。统一的领事保护法律应适时推出,从领事保护的前期预警工作到末端的案件处理都应有法律的存在。这样一方面可以进一步明确驻外使领馆的工作以方便工作的开展,另一方面可以促进领事保护的系统性进程,更重要的是在各类领事保护案件的处理中有法律作保障,可以有效避免海外公民人身安全和财产安全受损。

5. 领事保护的立法等级需进一步提升

当前,法治中国在持续不断推进,关于领事保护的立法也在分阶段不断向前

---

① 参见杨洋:《中国领事保护中存在的问题及对策》,载《国际政治研究》2013年第2期。

发展完善的过程中，故而领事保护的立法等级应适当予以提高，增强其权威性，而不仅局限在各种条例、指南、预案等级之中。[①] 虽然在2006年，第十届全国人民代表大会第四次会议主席团就提出关于制定"保护海外公民安全法"等议案，但之后2009年制定的《中华人民共和国领事工作条例（征求意见稿）》至今仍在征求意见阶段，因此推动该法案的尽快修改和通过对领事保护的发展大有裨益。另外，领事保护也需要一部有权威性的法律来解决在处理领事保护案件过程中缺乏程序指导的尴尬处境。国家利益和海外公民个人利益有时会存在冲突，如果处理不好会严重影响外交关系，如何在两者存在矛盾时进行取舍，这也需要一部在法律体系中有"话语权"的法律来进行规制和解释。

6. 监督合作领事保护途径的建立

关于领事保护的现行法律文件或指南性的文件都没有关于领事保护的监督条文，这对领事保护工作的开展无疑有很大的隐患。社会媒体监督也算监督形式的一种，相对于广播、报纸以及电视等传统媒体而言，近20年出现的门户网站以及社交网络为新媒体。新媒体之"新"在于其传播消弭边界，信息传递瞬间到达，信息反馈也能做到迅速高效。但如果海外公民未获得预期的领事保护时转而求助公众媒体，就可能会严重影响使领馆的形象。因此，为确保使领馆人员能够切实履行职责，对使领馆的监督性法律制度也应适时建立起来。

7. 领事保护工作的精细化

习近平总书记指出："科学立法的核心在于尊重和体现客观规律。要健全立法立项、起草、论证、协调、审议机制，提高立法的针对性、及时性、系统性、可操作性。"[②]领事保护立法工作亦应坚持科学化、民主化，提高领事保护立法的针对性、及时性、系统性和可操作性。领事保护的立法不应只是简单的指导性条文或者原则性规定，而应提供实际可行、具有操作性的保护渠道和手段。完善可行的领事

---

① 参见余磬和：《领事保护研究及启示》，载《湖北经济学院学报（人文社会科学版）》2016年第11期。

② 《习近平法治思想概论》编写组：《习近平法治思想概论》，高等教育出版社2021年版，第194页。

保护规则,一方面可以预防和减少损害中国公民海外安全事件的发生,另一方面在相关事件发生后,也能使领事保护工作更易于开展。

(三)保护对象的合理扩展

2006年所罗门群岛撤侨行动首次将已加入当地国籍的华人包含在内,此举被一些学者称之为"所罗门模式"。[①] 2006年在所罗门群岛爆发骚乱后,中国政府所采取的撤侨行动中就包括协助撤离承认双重国籍的100个国家的公民,并对实行双重国籍的国家采取对等承认的做法。但是,鉴于东南亚国家对我国对等承认双重国籍的"恐慌"和诸多发达国家以及海外公民对实行双重国籍的期待这样一对矛盾关系,我国应当审时度势并区别对待。可以考虑在适当时机和地方展开试点探索,以东南亚为例,对东南亚某些国家以双边条约形式来明确承认双重国籍的条件。例如,对参与当地政治的条件和参与方式与当地进行积极协商,减少因双重国籍引发的冲突。

二、提升领事保护能力

近年来,我国领事保护机制逐渐完善,2018年"领事之声"微博开通,"外交部12308"手机应用客户端上线,与"中国领事服务网""领事直通车"微信公众号共同构成领事服务"一网、两微、一端"的新媒体矩阵。这是外交部为满足人民群众对领事服务日益增长的现实需要,着力打造的海外安全和公共信息服务产品,用于发布权威海外安全提醒和全面的领事服务信息。例如,早在2019年,"领事直通车"微信公众号已有近130万订阅量,累计发布信息6000余条;"领事之声"早已发布微博1000余条,有近30余万关注量;"外交部12308"手机应用客户端下载量也已超过12万次。下一步,将进一步丰富"12308"手机应用在线服务功能,推进"掌上"领事服务更加便民。

---

① 参见商汉:《一个现代国家的"所罗门模式"》,载《国际先驱导报》2006年4月27日。转引自中国侨网,http://www.chinaqw.com/news/2006/0428/68/26337.shtml。

2018年,时任外交部部长王毅在两会记者会上表示,外交部坚持以人民为中心,持续打造由法律支撑、机制建设、风险评估、安全预警、预防宣传和应急处置六大支柱构成的海外中国平安体系,其中法律支撑被列在首位。经过长时间酝酿,2018年3月,外交部在其官网发布《中华人民共和国领事保护与协助工作条例(草案)(征求意见稿)》。该草案明确了领事保护的职责范围,强调中国外交官和领事官为公民提供领事保护受驻在国客观条件限制,明确表示领事保护不袒护公民的非法行为,并规定公民在寻求领事保护方面自身应承担的责任。该工作条例已被列入《国务院2019年度立法工作计划》;2022年7月5日印发的《国务院2022年度立法工作计划》也将制定《领事保护与协助条例》列入其中。如果能够顺利出台,这将是我国第一部关于领事保护与协助工作的专门立法,也是第一部针对中国公民和机构海外安全的专门立法,在领事工作法治化进程中必将发挥积极而重要的作用。

(一)增加必要的人员和资金配备

加强领事保护的人员队伍建设是不可或缺的。一方面要适时地扩充领事保护人员数量,在优化结构设置的同时,增加外交人员编制,建立起稳定的人员队伍。另一方面要着力加强领事保护人员的专业化和职业化建设。外交人员是职业性较强的国家公务人员,因此,不仅在挑选的过程中要优中择优,更要在之后的工作过程中加强考核评价,不断促进人才队伍的转型优化,一是政府层面每年的外交部人才招录;二是教育教学部门的人才培养。[①] 另外,对于在国外的外交机构,还可以在条件允许下聘请当地人力,利用驻在国本地资源减轻当地外交机构的工作压力,为领事保护节省人力。市场机制是解决人员缺口的一条重要渠道,通过与当地警务部门和安全部门合作,从当地聘用可靠的安保人员和外围活动人员,减轻外交人员的工作负荷,将力量集中于海外中国公民的紧迫工作上。

在资金方面,一方面要开源,不能仅依靠财政拨款。可以设立专门的领事保

① 参见王涛:《新形势下加强中国领事保护机制的若干思考》,载《理论观察》2012年第5期。

护账户，从多渠道募集资金，例如，民间团体和企业的赞助、国际组织的人道主义援助等。更重要的是要节流，即加强对资金的管理，对领事保护经费支出的方式加以规范和明确，包括对责任人及使用办法、权限等作出具体的规定。[①] 政府应该将领事保护投入作为对海外企业监管的一部分，企业也需对此引起足够的重视，很多企业初期的不当投入是造成损失的重要原因。另一方面，建立领事保护的专门性商业险种，鼓励公民特别是企业购买保险，减轻资金压力。对公民和企业在海外遭遇的财产损失以商业保险的形式予以补偿，不仅使公民得以收回部分资产，还有效地缓解了领事保护账户的紧张状况。

（二）推进新技术的运用

科技的运用对于领事保护工作的开展越来越重要。例如，在“MH370 航班”[②] 的搜寻工作中，中国政府动用包括 21 颗卫星、19 艘舰船、13 架飞机等参与到这场史无前例的搜寻工作中，并派出专家深度参与事件调查。新技术大大提高了领事保护的效率和水平。无人机的迅速发展给领事保护带来了新的手段，现在很多驻外企业开始利用无人机进行巡逻，这不仅减少了支出，而且保证了监控的全面性和全时效性。全覆盖性的社交软件的发展也给了领事保护很大的发挥空间，尤其是对个体性的海外公民如旅行者，这些新媒体可以帮助其在困难情境中将信息传达出去，及时获得外部支持。技术的运用不仅减少了人力的投入，还大大提高了保护对象的安全系数。

（三）领事保护的立体多元参与

在领事保护的多元参与方面，英国外交部为“囚犯在国外”（Prisoners Abroad）

---

① 参见《各国撤侨行动有得有失日本收费撤侨争议大》，载国际在线，http://gb.cri.cn/27824/2011/03/07/5311s3175497.htm。

② “MH370 航班”为马来西亚航空公司航班，由吉隆坡国际机场飞往北京首都国际机场。2014 年 3 月 8 日，飞机在马来西亚和越南的交接处与胡志明管控区失去通讯联络，同时失去雷达信号，至今仍下落不明。MH370 航班上载有 227 名乘客，机组人员 12 名。

等非政府组织从事与领事保护相关的活动提供资金支持，在非政府组织中设立全职岗位，为领事保护工作服务或派专人为其从事的领事保护相关工作提供指导。日本外务省建立了领事事务顾问制度（Advisorson Consular Affairs），聘请一些来自私人企业资历较深的公民。一些国家建立了政府和企业之间的海外安全信息双向交流、共享和协调机制。例如，美国国务院的海外安全咨询委员会、英国的海外企业安全信息服务机构、日本的海外安全公私合作理事会和定期召开的由日本侨民参加的安全咨询和联络会议等。① 所以，政府在加强领事保护的同时，要整合利用非政府组织的资源，做好预警和应急的前期投入和准备。如中国"利比亚撤侨"就是一个典范，中国铁建因其前期投入充足且准备得当，在短时期内就将利比亚全国19个施工点、3000多名员工全部集结到3个指定地点，大大节约了撤离的时间。②

首先，在领事保护中，应当在国家、企业、地方政府、非政府组织与个人之间建立起紧密的联系，形成"国家统筹、地方和企业行动、非政府组织协力"的联动机制，多元参与，这样才能更加有效地保护好公民海外人身安全和财产安全。引导非政府组织力量向领事保护领域倾斜，充分挖掘现有的非政府组织的领事保护潜力。结合非政府组织的不同性质，建立不同的合作机制。以侨社为例，在建设和谐侨社的同时，应当鼓励当地侨社建立起信息共享和自助机制。全球有华侨华人社团逾2.57万个，侨社对当地情况也更加了解，途径也更加多元，管理甚至更有效，如果能够调动当地侨社参与到领事保护当中，那么驻外使领馆的工作量不仅会下降，且领事保护的成效也会大幅提升。地方政府在领事保护中也应扮演更加积极的角色，在本地企业到海外投资中不仅要提供必要的服务，而且还要将这部分企业的领事保护投入、预案等作为重点进行审查，在领事保护的第一个层面做好落实工作。

---

① 参见夏莉萍：《20世纪90年代以来主要发达国家领事保护机制变化研究——兼论对中国的启示》，外交学院2008年博士学位论文，第60页。

② 参见《国家行动：利比亚大撤离》编委会编：《国家行动：利比亚大撤离》，人民日报出版社2011年版。

其次,军事力量也应该进一步探索在领事保护方面的应用渠道。这主要是要有国内法律的支撑和自身能力的加强。在一些地区的复杂安全环境中,军事力量的运用是必不可少的。军事力量不应仅作为一种战争形势下的威胁和打击手段,在领事保护中也应该成为一种介入手段,提升对于中国海外公民的领事保护能力。

(四)支持海外私营安保市场的发展

1. 法律层面亟待完善

私营安保企业在中国公民海外安全保护中发挥着重要的作用。目前,我国需要专门的法律对私营安保市场的发展予以规范,包括详细规定其业务范围、资质审核、审核标准、冲突管理等。私营安保企业,特别是海外安保的发展在国内面临很多制度空白,而且由于其特殊属性,海外安保亦可能面临较为复杂的安全形势,因此这些制度空白如果处理不好,不仅无法实现领事保护的目标,还会造成新的安保困境。考虑国内跨国企业的海外安保需求和国际安保行业的发展,我国应设定安保企业的业务范畴,并组织专门的海外安保行业协会,形成组织性的约束力。同时,我国现有的法律条文也应作进一步的修改,对阻碍海外安保市场发展的条文加以修订。[①] 此外,对海外安保公司安保官的定位也存在一定难度,具有政府军事背景和外交背景的私营安保公司的安保官,其地位也需要法律予以明确定性。还需要将安保合同与外交关系两者之间的关系加以补充说明和规范,以便在两者发生冲突时进行取舍。

2. 枪械管理层面需要专门的说明

考虑到枪械使用管理具有属人原则和属地原则交织等复杂性,我国可以先参考国际通行的法律规章,并结合我国实际情况,逐步推出适合中国海外安保市场的法律文件。在大多数国家中,私营安保公司可以使用手枪,甚至大型枪械。安

---

① 参见刘波:《"一带一路"安全保障体系构建中的私营安保公司研究》,载《国际安全研究》2018年第5期。

哥拉允许有资质的一些从事安保行业的公司使用如 AK47 一类的突击步枪；在阿富汗和伊拉克等局势复杂地区，一些安保公司还可以使用包括 7.62mm 突击步枪和其他类型的一些机枪，总之其选择非常广泛，可以最大限度地发挥安保的作用。[①] 国内海外安保公司则只能通过在其他国家注册来规避枪支使用的风险，这带来了极大的不便利，国外的政策壁垒和政治环境给安保公司的进一步发展构成了障碍。因此，我国除《中华人民共和国枪支管理法》《公安机关实施保安服务管理条例办法》《保安押运公司管理暂行规定》《专职守护押运人员枪支使用管理条例》《保安服务管理条例》等文件以外，对于海外枪支使用等应有专门法律文件予以管理规范。

3. 协议达成层面有待加强

为进一步规范和促进海外私营安保市场的发展，我国可以基于私营安保公司所在国法律和国内相关法律，就枪械的使用与相关国家达成双边或多边协议。

在不同国家或不同地区，海外私营安保市场面临不同的发展环境，私营安保企业能否使用枪械，可以使用何种枪械都存在不同的规定。因此，与相关国家就枪械的使用达成相关协议，可以更加灵活地帮助海外私营安保公司开展业务，也能在最大限度地起到领事保护的作用。

（五）培养公民的自我保护能力

海外领事保护体系的建立和完善离不开公民自身保护能力的提升。虽然政府在领事保护领域投入了大量的资源，但海外公民人口数量庞大，中国公民海外安全保护工作繁杂，政府层面的领事保护不可能做到面面俱到。公民个人是自己海外安全的第一责任人，因此，提升公民自身的保护能力对于海外公民领事保护工作进一步完善具有重要意义。

政府部门可与旅游公司和大学合作设立培训课程，特别是网络课程，针对不

---

① 参见张杰：《“一带一路”与私人安保对中国海外利益的保护——以中亚地区为视角》，载《上海对外经贸大学学报》2017 年第 1 期。

同群体开展不同海外安全自我保护的教育。当今迅速推进的慕课学习系统不仅是开展文化教育的手段,也应成为公民了解全球资讯、学习自我保护的有效途径。通过对不同案例的介绍,不同群体关于预警和应急反应的演练和情景模拟,可以很好地培养公民的自我保护意识和能力。另外,还可将领事保护的预防和应急相关知识以动画等方式向大众宣传,并针对特殊行业群体以法律等特殊方式建立起强制性培训机制,强化宣传效果,改软性为硬性,增强公民的重视程度以确保后期领事保护工作的顺畅进行。

三、加强与其他国家和地区的合作

(一)领事保护的国际化合作

加强与国际接轨,通过国际力量实行领事保护是一个不错的选择。不仅仅是政府间国际组织,非政府组织也往往与各国政府有着紧密的官方或者非官方联系,与政府相比,他们的非政治立场使得其在领事保护中有着更大的优势和便利,可以与政府的领事保护作用相互补充,达到全面保护中国海外公民的目的。因此,加强与国际上的非政府组织的合作显得十分必要和可行。

因此,在以往合作的基础上,中国应积极探索与国际组织在领事保护方面的合作形式,就相关议题进行定期的合作和交流,对可能出现的领事保护案件及时地交换信息,将中国特色的理念与他国进行交流,制定应急预案,分工协作,达到最大的救援效果。①

(二)继续加强与其他国家的联系和交往

中国坚持不干涉他国内政的政策,与各国政府保持良好关系。我们既要有我们坚定的立场,又要处理好与其他国家内部各派力量的关系,在关键时刻能够有效保护中国公民海外安全。中国各驻外使领馆与驻在国政府部门建立稳定的领

---

① 参见单海玲:《我国境外公民保护机制的新思维》,载《法商研究》2011 年第 5 期。

事保护沟通机制，并可邀请华侨代表和中资企业代表担任领事保护志愿者，建立与当地华侨团体和中资企业的联系网。为提高领事保护工作效率，做到关键时刻“找得到人、说得上话、办得成事”，中国驻外使领馆与所在国相关政府部门建立了稳定的领事保护沟通协调机制，甚至推动了当地政府部门设置专门保护中国公民的机构。例如，自2015年起，中国驻刚果（金）使馆与刚外交部建立了有关在刚中国公民和企业安全的联席会议机制。自2016年起，中国驻津巴布韦使馆与津内政部共同搭建警民年度交流机制，目的是设置旅津华侨华人与津相关执法部门的互动交流平台，为旅津华侨华人营造更为有利的生存发展环境。① 2016年，中国驻巴基斯坦拉合尔总领馆与旁遮普省政府安防联络机制成立，双方定期召开工作组会议，就保护该省中资机构和人员安全所遇到的实际问题进行沟通协商。在总领馆的推动下，旁遮普省内政部专门成立了中国人安全工作办公室，省安全内阁每周召开例会研究部署中国人的安保工作。② 2017年，中国驻哥斯达黎加使馆与哥公安部合作，由使馆、哥公安部、使馆领事保护联络员和志愿者共同组建了“中哥警侨联络体系”。中国驻泰国使馆就中国游客安全保护与泰政府部门建立了对口磋商机制。

经短暂试行，自2015年起，外交部正式推出领事保护联络员制度。使馆聘请海外华侨华人和中资企业代表担任领事保护联络员。联络员们密切关注驻在国政治生态、舆情和侨情的动态变化，及时就涉及中国公民安全和利益的事项与中国使领馆沟通，并协助使领馆做好突发事件处置和预防性领事保护工作。驻外使领馆定期召开领事保护联络员座谈会和培训会，并为作出突出贡献者颁奖。自2016年起，外交部将领事保护联络员改称为领事协助志愿者，至2020年1月，志愿者总数已达近千人，在领事保护中发挥着积极作用。

在境内外联动方面，中国驻外使领馆除外交部派出人员外，使馆的教育处、经

---

① 参见夏莉萍：《中国领事保护新发展与中国特色大国外交》，载《外交评论（外交学院学报）》2020年第4期。

② 参见《驻拉合尔总领馆举行领区中资机构安全工作座谈会》，载外交部网，https://www.fmprc.gov.cn/zwbd_673032/jghd_673046/201708/t20170801_7438595.shtml。

参处、文化处、武官处的官员们分别来自教育部、商务部、文化旅游部、人民解放军总参等部门。公安部向部分驻外使馆派驻警务联络官,这些外派人员与各自的派出部门之间有着密切的工作联系。一些地方外办还依托海外华侨和本地区海外企业建立领事保护联络员(处)和代表处,内外联动,协助处理领事保护事务,“前方及时研判并提出建议、外交部牵头分析决策、各地方和各部门分工协作”的重大突发案件处置机制不断得到完善。

四、完善预防和应急机制

解决问题最完美的方案是预防问题的发生,因此无论是外交保护还是领事保护的机制创新都应向预防机制和应急机制倾斜,同时要改变应急机制和预防机制的失衡状态。当前的外交保护和领事保护体系虽开始注重“预防性保护”,但体制机制仍以“应急”为核心,所以必须将领事保护的重点“退回到”预防阶段。在促进应急机制的完善中,预防机制的建设要加强,做到“以预防为主、预防与处置并重”。扩大外交保护和领事保护预警机制的发布渠道和获得渠道,降低案件的发案率。如果发案率减少,那在一定程度上弥补了人力和资金的不足,同时也减少了公民的利益损失,外交保护和领事保护的机会成本将显著下降。党的十八大以来,海外安全提醒信息发布更为细致,公众获取信息和求助的方式更为便捷,领事保护预防措施的针对性更强,外交部实现了海外安全分级提醒。“以预防为主、预防与处置并重”逐步成为中国领事保护工作的指导原则,自2000年年底外交部官网发布第一条海外安全提醒信息,直到2015年海外安全提醒信息都并无分级。但从2016年起,外交部将海外安全提醒明确分级,分为“暂勿前往”、“谨慎前往”和“注意安全”三个等级,便于公众对旅行目的地的安全程度作出判断。①

利用信息技术手段,打造指尖上的海外安全服务平台,便于公众获得相关信息。2014年,外交部开通“领事直通车”官方微信公众号,发布海外安全提醒和领

---

① 参见中华人民共和国外交部政策规划司编:《中国外交(2017年版)》,世界知识出版社2017年版,第326页。

事服务类信息。同年,中国领事服务网全新改版上线,增加了“出国及海外中国公民自愿登记”功能,凡是登记的公民都会收到有关海外安全风险提醒的邮件。[①] 领事保护热线及相关服务不断升级,2014 年,“外交部全球领事保护与服务应急呼叫中心”“12308”热线正式开通。2017 年,推出“12308”微信版。2018 年,推出手机应用版,在全球任意地点、任何时间,用户均可依托 Wi - Fi 或移动互联网拨打“12308”热线,无须另行支付国际通话费,实现了领事保护咨询和求助渠道全覆盖。加大各地区宣传力度,定期或者不定期开展领事保护相关知识的宣传工作。组织相关企业、单位共同开展有关外交保护和领事保护的咨询推介会、座谈会,以反馈的意见、建议和新的外交保护和领事保护方法为起点,集合各方面力量创新外交保护和领事保护新途径。

各驻外使领馆根据当地安全问题针对性地开展预防工作。其一,除颁发外交部编写的《中国境外领事保护与服务指南》(后修改更名为《中国领事保护与协助指南》)外,还需根据当地安全形势具体情况和中国公民易遭遇的安全问题,编制具有地方特点的领事保护宣传资料,如驻柬埔寨使馆发布《中国公民在柬埔寨安全知识手册》,[②]中国驻菲律宾使馆制作《安全文明菲律宾行》领事保护短片[③]等。其二,针对当地安全形势和主要服务群体的特点,有针对性地采取预防措施。在一些安全形势不太稳定的国家,定期为当地中资企业举办安全形势通报会。在中国游客频频光顾的旅游热点地区,不定期会同当地政府主管部门检查当地旅游设施的安全状况,考察旅游设施的安全状况,发现问题后及时推动当地相关部门出面解决。在交通枢纽地区,重视与机场和出入境部门的沟通,减少中国公民出入境受阻情况的发生。因此,在抓好应急处置的同时,应该更加重视“上游治理”,大

---

① 参见《中国领事保护与领事服务:盘点 2013,展望 2014》,载中国外交部网,http://switzerlandemb. fmprc. gov. cn/wjb_673085/zzjg_673183/lss_674689/xgxw_674691/201401/t20140128_7677974. shtml。

② 《埔寨使馆发布〈中国公民在柬埔寨安全知识手册〉》,载中国领事服务网,http://cs. mfa. gov. cn/lgk1/201409/t20140929_817058. shtml。

③ 《驻菲使馆制作领保宣传片,做好预防性领保工作》,载中国新闻网,http://www. chinanews. com. cn/gj/2018/02 - 09/8445779. shtml。

力加强预防性保护,这与其他方面的工作是相互补充的。

要与国际组织保持密切联系。各个专门性国际组织的特点使其对于特定领域信息的了解和事态的处理较之各国政府来说有其独特优势。2011 年利比亚撤侨,中国石化凭借与国际 SOS 救援中心之间的协议,最后由该组织撤出了中国在利比亚公民。因此要积极保持与相关国际组织,如红十字会和慈善机构等的联系,使其充当领事保护的“千里眼”和“顺风耳”,更以备不时之需。领事保护不应仅限于外交部、领事司等机构,更应让各地相关部门发挥作用,可将外交保护和领事保护的相关预防和应急宣传工作“下移”,将集中于一点的外交保护和领事保护宣传工作摊点成面,改变以外交部、领事司为主的较为单一的外交保护和领事保护宣传主体,扩大各地区的外交保护和领事保护办公室和侨务办公室等的作用,以将外交保护和领事保护的预防工作宣传到位、到点,调动各种资源,做好、做足前期的预防工作。

考虑到大学生出国旅游、留学等的热度持续上升,各地可将外交保护和领事保护的预防工作与地区相关大学或图书馆做好对接,将外交保护和领事保护的宣传和教育推及到大学,以选修课、宣介会等方式扩大大学生对外交保护和领事保护的认知,提高他们的自我保护意识。通过各地机构体系与本地区的旅行社和驴友团等建立联系,做好备案,不仅要重视向旅行社宣传领事保护预防和应急方法,还要将外交保护和领事保护工作推向较大的驴友团、自驾游团体,确保外交保护和领事保护的全方位和有效性。

第六章　中国公民海外安全保护机制的国际法完善

第一节　条约保护机制的适用

当下在中国全面深入改革开放的新时代要求下,中国对外交往日益密切,走出国门的公民数量与日俱增,这一现实状况迫切需要我国抓紧完善对公民海外安全的保护机制。国际条约作为国际法主体之间缔结的、规定各方权利义务的协议,在公民海外安全保护方面有着不可忽视的作用。因此能否合理运用条约保护机制,发挥其对公民海外安全保护的独特优势,将在很大程度上影响中国公民海外安全保护工作的成效。

一、条约保护机制的优势

条约保护机制,是指通过缔结双边或多边条约,在缔约国之间约定对于处于其领土范围内的他国公民的安全保护条款,以此达成保护公民海外安全目的的机制。这种保护机制建立在国际条约的基础上，能够充分发挥国际条约的自身优势，使其对公民海外安全保护的力度和效率相较于其他机制都更胜一筹。条约保护机制的优势主要体现在以下几个方面：

首先，国际条约是近现代国际法中最主要的渊源，它是国际法主体之间自愿缔结的一种协议，一旦生效便对缔约主体产生约束力，任何缔约国都必须严格遵循条约的规定，在某些情况下甚至会对第三国产生相应的约束力。因此，通过缔结有关公民海外安全保护的条约，可以使公民海外安全得到双边或多边条约的确认。一国对其境内的他国公民安全的保护将不只是国家交往之间的一种互惠承诺，而是成为受条约强制力约束、缔约国必须履行的一种义务。

其次，国际条约以成文的形式规定了缔约主体的权利义务，具有明确化、系统化的特点。公民海外安全保护条约的条款可以详细地规定某一缔约国对其境内他国公民安全保护的具体措施与实施程序、保护力度以及相应的救济手段。这不仅可以最大限度地避免公民海外安全遭受不法行为的侵害，还可以使缔约国公民在其他缔约国受到非法侵害时，其派出国可以依照条约条款的规定请求该国予以救济。另外，基于条约产生的国家法律责任都是具体且明确的，因国家不法行为给他国海外公民权益造成损害后，受侵害的海外公民能基于条约规定得到合理的救济。

最后，国际条约在很多国家司法实践中都具有优先适用的效力，并且在有的国家可不经国内法的转换而直接适用。因此，一旦缔约国公民海外安全受到不法侵害或者存在遭受不法侵害的危险时，相关条约可以优先于该公民所在国国内法适用，由此避免不同国家法律和发展水平的差距所带来的各种问题。

二、我国条约保护机制现状

改革开放后，随着我国改革开放不断深入，出国旅游、求学、务工的中国公民越来越多，公民海外安全保护案件的数量也相应高速增长。因此，我国也越来越重视公民海外安全保护，其中最常见的手段就是积极加入国际条约，加快国际法上的制度建设进程，利用条约保护机制实现保障公民海外安全的目的。近年来，我国积极与他国缔结双边领事保护协定，在条约保护机制上我国已经初具雏形。但我们必须清楚地认识到我国目前条约保护机制仍然处于起步阶段，亟须在日后不断发展完善。

（一）缔结的国际条约数量需增加

国际条约的存在是条约保护机制适用的基础和前提。截至2023年4月我国已与182个国家建交，[①]这意味着我国同大多数建交国家还未订立关于公民海外安全保护的双边条约。在当今中国公民遍布世界各地的背景下，显然关于公民海外安全保护的双边条约数量不够，那些处于未缔结双边领事保护条约国家的中国公民将难以通过条约保护机制来保护其安全。

（二）条约内容需完善

国际条约以成文法的形式规定缔约主体的权利义务，但基于成文法固有的缺点，就不可避免地会出现一定的局限性。例如，缔结的国际条约在内容方面并不完善，体现在条约对安全受侵害的事后救济规定了很多条款，但缺乏事前预防侵害的保护措施的规定，并且对于国家不法行为造成的公民海外安全侵害的救济措施与法律后果的规定较少。这使海外公民更多的是在安全受侵害时被动寻求条约保护机制的救济以弥补损失，而不是利用条约保护机制预防与避免侵害的发生。

（三）条约规定的保护手段需更具体

在我国缔结的国际条约或公约中，虽然规定了许多保护条款，但这些条款的有效手段仍待细化。我国缔结的人权公约对公民海外安全的保护起着重要作用，也可以作为条约保护机制的基础，但实际上这些公约在对公民海外安全的具体保

---

① 参见《中华人民共和国与各国建立外交关系日期简表》，载外交部，https://www.mfa.gov.cn/web/ziliao_674904/2193_674977/200812/t20081221_9284708.shtml。

护上所发挥的作用需要进一步加强。

三、条约保护机制的完善与发展

正如前文所述,条约保护机制有其独特的优势,对公民海外安全保护的力度和效率相较于其他机制都更胜一筹。因此,充分合理地利用条约保护机制并逐步使其发展完善,将能够更好地保护公民海外安全。由于条约保护机制是建立在国际条约的基础上,所以,利用双边或多边条约来约定缔约主体对其领土范围内他国公民权益进行保护,以达到公民海外安全保护的目的。完善和发展条约保护机制,可以从两个方面展开:一是从条约保护机制赖以建立的基础即国际条约内容本身进行完善;二是从条约保护机制运行过程来进行发展细化。

(一)积极加入国际公约,积极推动双边条约的签订

海外公民需要被保护的权益众多,其中很多权益普遍受到各国高度重视。以人权为例,保护基本人权是国际法上的一项重要原则,国际上针对人权问题订立了许多公约:我国于1980年批准《消除对妇女一切形式的歧视公约》,1981年批准《消除一切形式种族歧视公约》,1986年批准《禁止酷刑和其他残忍、不人道或有辱人格的待遇或处罚公约》,1992年批准《儿童权利公约》,2001年批准《经济、社会及文化权利国际公约》,2008年批准《残疾人权利公约》。仍有一些人权公约如《公民权利和政治权利国际公约》《保护所有移徙工人及其家庭成员权利国际公约》《保护所有人免遭强迫失踪国际公约》,我国基于我国国情与其他相关因素的考量暂未批准,但我国在为批准有关公约不断努力。加入类似公约也能对中国公民海外安全保护起到积极作用,因此我国应该积极加入有关公民海外安全保障的国际公约,加强国家之间的交流合作,为国际公民海外安全保护贡献中国力量。

另外,中国还应加快与相关国家签订双边领事保护条约的步伐。因为国际公约往往是宗旨性的大框架,是对公民海外安全保护的宏观指导,而具体的保护措施以及国与国之间的互惠协作条款更多是依靠双边条约来规定。加之公民海外

安全保护已经普遍受到各国的重视,各国也都有保护本国在外公民的需求,因此,中国可以持续推进相关谈判与条约签订的进程,强化国际法上的互惠互利、利益关联和保障。

(二)努力完善条约的覆盖范围

虽然身处境外的中国公民需要被保护的权益众多,难以全部列举,但主要还是集中在人身权、财产权以及劳动权等方面。而国际条约对这些主要权益的保护条款并未全部作出具体规定。就公民海外安全而言,中国公民在海外面临复杂的安全形势,但针对公民海外安全的保护主体、保护范围、救济途径等缺乏国际条约予以具体规制。

国际条约作为国际法的主要渊源之一,其内容不是一成不变的,当下我国签订的双边或多边条约内容还不够完善,覆盖范围不够宽泛,因此需要完善条约内容,扩大条约内容的覆盖范围,使其符合当下国际法的发展趋势。

(三)革新条约保护机制的运行模式

法律的生命力在于实施。一部良好的法律如果得不到有效实施,就无法发挥其作用,同理条约保护机制不仅需有完善的国际条约规定作为基础,还需有一个合理的运行模式保障条约条款得到有效施行,只有这样才能充分发挥条约保护机制的作用,保护海外公民的权益。因此,有必要革新条约保护机制的运行模式,使安全保护的条约能够迅速及时地发挥功效,针对安全被侵害的海外公民采取条约允许的救济手段,让海外公民切实感受到条约保护机制带来的实际作用。

第二节　发挥国际组织的能动作用

任何一个机制的运行,都离不开机制各个组成部分之间的相互配合。当前领事保护工作的开展也不是仅依靠某一国家的使领馆人员完成的,国内组织、政府间国际组织与非政府间国际组织、商业机构等的互相配合与协调都是不可或缺的。因此,完善领事保护机制,要充分发挥国际组织的能动作用。

一、发挥国际组织的协调作用

国际组织经历了民间组织、政府间会议、欧洲协作、国际行政联盟、联合国成立、现代国际组织这样几个阶段的发展后,进入20世纪,尤其是经历两次世界大战后,第三世界国家纷纷独立,国际组织发展速度增快。根据国际协会联盟(Union of International Associations, UIA)出版发行的《国际组织年鉴》数据记载,目前全球约有75,000个国际组织,包括政府间国际组织和非政府间国际组织,其中约42,000个是活跃组织,每年大约增加1200个新的国际组织,①涉及医疗、教育、卫生、人权等各个方面。国际组织作为国际法主体积极参与国际事务,在国际关系中享有缔约权、使节权、承认与被承认的权利、国际索赔和国际责任、召开国际会议的权力、特权和豁免、在对外关系方面的其他权力。

国际组织在国际社会的发展过程中发挥着积极作用,现代国际社会各个领域几乎都有相应的国际组织,随着国际组织数量的增加和相关职能的扩大,其在国际社会的发展过程中所发挥的作用也越来越大,尤其在世界和平、人权保护、环境保护等方面发挥了自己的独特作用。当然,国际组织的作用与其章程中所规定的宗旨和职能是息息相关的,不同的组织因其宗旨和职能的不同,作用也是千差万别的,但是从宏观角度来说,所有的国际组织的最基本的功能都是相似的。

(一)政治上的协调作用

国家是国际社会的基本组成单位,各个主权国家地位平等。国际组织实际上是各个国家将其主权部分出让,以多边或者诸边协议的形式建立起来的。国际组织起初大多是以维护国际和平与安全为目的建立的,这些国际组织后来也常常作为协调各国政治活动的中心,各国往往会通过各种国际组织来发展外交关系,进行领导人会晤、谈判磋商、解决争端等,国际组织提供的对话平台是各国充分表达

① 参见《国际组织年鉴》概述,载国际协会联盟官网,https://uia.org/yearbook。

本国意愿的重要场所。在所有的国际组织中,联合国最具有代表性,《联合国宪章》序言中明确联合国是为维护世界和平和保护基本权利以及人类长足发展而设立,即“我联合国人民同兹决心,欲免后世再遭今代人类两度身历惨不堪言之战祸,重申基本人权、人格尊严与价值,以及男女与大小各国平等权利之信念,创造适当环境,俾克维持正义,尊重由条约与国际法其他渊源而起之义务,久而弗懈,促成大自由中之社会进步及较善之民生。并为达此目的:力行容恕,彼此以善邻之道,和睦相处,集中力量,以维持国际和平及安全,接受原则,确立方法;以保证非为公共利益,不得使用武力,运用国际机构;以促成全球人民经济及社会之进展”。《联合国宪章》第1条第4款规定了联合国构成一协调各国行动之中心,以达成上述共同目的。[①] 自第二次世界大战以后,局部地区虽有动荡,但世界整体和平稳定发展,这其中联合国就协调各国关系、加强集体安全、裁减军备、推进非殖民化、促进国际合作等问题作出和发表了一系列重要的宣言和决议,在如中东阿以冲突、苏伊士危机、两伊战争、印巴克什米尔争端等一系列事件中,联合国都发挥了维持和平的作用。

(二)经济与社会发展上的促进作用

随着国际交往日益密切,全球化使世界各国的经济联系在一起,国际经济组织和区域性的经济合作组织开始大量出现,其中以世界贸易组织(World Trade Organization,WTO)最著名,各种国际经济组织对全球经济的发展、促进合作、解决争端以及协调各国经济利益起到了积极的作用。

此外,第二次世界大战后以联合国为代表的众多国际组织,为全球社会、科学、文化等领域的发展作出了巨大贡献,在涉及关税贸易、货币金融、开发援助、资源与资金分配、工农业发展、环境保护、科学技术、文教卫生、气象水利、知识产权、海陆空通信运输、建立新国际经济秩序、人权、人口、劳工、妇女、儿童、老年、国际难民等问题以及禁止烟毒、预防犯罪、反对恐怖主义等许多方面,不同程度地发挥

① 参见李杰豪:《联合国宪政及其结构缺陷与路径趋势》,载《国际问题研究》2008年第4期。

了积极作用。

(三)司法上的保障作用

国际社会上暂时无法像各国国内法一样设立一个最高司法机构和规定统一的司法程序。现代国际法律秩序的维持除了各个国际组织章程本身的规定,还有赖于国际司法组织,即通过司法组织的裁决或者意见来解释和澄清有关法律规则的适用。国际法院便是诸多国际司法组织中的代表,国际法院虽然有若干先天的局限性及后天的缺陷,但它是国际社会能对诉讼和咨询案件作出法律认定的主要司法机关。与国内司法机关的强制管辖不同,国际法院的管辖,虽然从根本上讲是自愿的,但是它在适用法律方法解决各当事国提交的国际争端中,对维护国际法律秩序作出了重要贡献。

二、重视非政府间国际组织的作用

非政府间国际组织是非由政府间协议成立、不以营利为目的、独立活动且具有国际性的非政府组织。作为一种积极的民间力量,非政府间国际组织为全球治理体系注入了新的因素,为解决各种棘手的跨国或者全球性问题提供了新的方案。

"冷战"结束之后,非政府间国际组织无论是从数量上还是质量上都发生了惊人的变化。尽管目前通说非政府间国际组织还不具备明确的国际法主体资格,但是这并没有成为他们参与国际立法活动的巨大障碍。恰恰相反,这种模糊的"法律地位"却赋予了他们很大的灵活性,让他们在国际立法的舞台上无处不在。① 非政府间国际组织已经较为全面地参与到国际法的创制、实施和监督执行等环节当中,这对于国际法的形成和发展产生了重要的影响。可以这样说,非政府间国际组织的活动范围覆盖了人类活动的大多数领域,尤其在国际人权保护、国际人道主义、环境保护领域,他们深刻地影响了这些领域国际法规则的发展,促进了这些

① 李俊义:《非政府间国际组织的国际法律地位研究》,华东政法大学2010年博士学位论文,第4页。

领域国际条约或协定的缔结和解释，促进了国际法律规则的司法适用和国际法的实施。

（一）非政府间国际组织能够促进国际法某些领域国际条约的缔结和解释

在国际人权保护、国际人道主义或者是环境保护等领域拟定新的条约或协定的时候，非政府间国际组织的作用不可忽视。例如，在环境保护领域，非政府间国际组织通过参加国际环境会议、参与国际谈判、参加环境条约的拟订、组织非政府组织论坛等各种方式，促进了国际环境法的编纂和发展。

因此，促进国际领事保护机制的发展要注重非政府间国际组织在领事条约签订与实施中的作用。比如，两国在签订双边领事条约时，可以面向各国的非政府间国际组织就条约的个别条款征求意见；允许影响力较大、辐射范围较广、比较有代表性的非政府间国际组织列席领事保护规范制定的会议，提供咨询意见等。目前各国文化类的非政府间国际组织致力于文化的传播与交流，客观上促进了其派出国国民和驻在国国民之间的理解，提高了当地居民的教育水平及民主参与意识，而不同国民之间的理解正是减缓文化冲突、进行海外安全保护的一个重要因素。

（二）非政府间国际组织能够监督国家遵守和实施国际法律规则

目前，非政府间国际组织经常参与到监督国家遵守国际法义务的活动当中。关于他们的作用，中国社科院研究员王逸舟先生曾经有过这样一段生动准确的描述：无论大会小会发言、评论或者讨论，还是会间休息、会下交流，甚至晚上娱乐活动时间，出头露面最多、接触交流最频繁的，正是那些没有官方头衔、不拿政府薪水、热心公益事业的反核活动分子，“保护少数”活动分子。他们视角之独特、议论之有力、能量之大、影响之广，非我们这些习惯于国内状况的人所易于理解。① 历史上从联合国海洋法公约谈判到里约热内卢环境与发展会议，从索马里人道主义

---

① 杨冠群：《关注蓄势待发的世界非政府组织运动》，载《国际问题研究》2001 年第 3 期。

行动到皮诺切特引渡案,各种非政府间国际组织似乎无处不在。

因此,领事保护机制的相关规则建立以后,仍旧有赖于各非政府间国际组织对国家遵守领事保护规范的行为进行监督。毕竟海外公民的领事保护机制是一张起于国内、触及国际且辐射广泛的由国家战略、政策法律、执行机构与海外安全点紧密交织而成的网络,无论是国内法律、国际或区域性领事保护协定,还是海外安全保护规范等都离不开非政府间国际组织的监督作用。非政府间国际组织中往往聚集着一定的社会精英,大多与高等院校和研究机构等密切联系,因此其可以起到帮助国家政策与法律规范的宣传与落实的作用。非政府间国际组织的工作成果亦可作为政策制定者的参考,从而推动并监督公民海外安全保护工作的落实。

(三)非政府间国际组织能够加强派出国与驻在国间的联系和沟通

非政府间国际组织往往能够直接进驻国外,融入当地社会,借助派出国的支持吸收驻在国的资助与支持,获得有利于派出国的商业情报或投资环境信息。同时非政府间国际组织亦可将派出国的资源与优势带入驻在国,为驻在国的发展助力,从而削减两国之间的文化差异,求同存异,促使驻在国与派出国的友好合作。当然,境外非政府间国际组织尤其是跨国公司等作为进驻驻在国的直接投资者,在适应驻在国的环境方面将比其他单位面临更多困难。所以,使领馆便要发挥其作为海外公民、组织的利益保护站功能,为在海外进行经贸活动的个人与团体提供保护屏障。有派出国提供的充分信息与法律政策保障,非政府间国际组织可以成为直接在驻在国获益并保护海外安全的强有力帮手。非政府间国际组织同时可以通过倡议与宣传,向公众普及关于自身海外安全保护的知识,同时引导海外公民在国外树立良好的规范意识,避免因自身行为而陷入安全受损的困境。

三、探索建立保护公民海外安全国际合作组织

海外安全保护包括海外国家利益与海外公民安全,涉及经济、政治、社会等领域。无论是经济领域还是政治领域,涉及该领域的国际组织数量日益增多。以经

济领域为例，国内法律、国际或区域性贸易组织、海外投资保护规范等，都逐步走向成熟。其中国际货币基金组织（International Monetary Fund，IMF）、世界银行（World Bank，WB）等围绕海外金融利益大展拳脚；WTO、欧洲共同体（European Economic Community，EEC）、东南亚国家联盟（Association of Southeast Asian Nations，ASEAN）等全球或区域性组织成为保护海外经贸市场安全的铺路石。各种形式组织的单元相互作用，海外经济利益相互交织。这些双边或者多边经济组织通过一系列的国际条约将国际贸易领域的原则、规则和惯例加以规范化和程序化。

目前关于公民海外安全的保护却很少有专门国际组织提供相应的保护，海外公民的安全保护散见于人权组织、领事制度，抑或其他非政府组织的范围内。现如今，在全球化的大背景下，各国跨境交流与生活的公民数量持续增长，而各国发展并不均衡，甚至有部分国家局势并不稳定，许多国家自顾不暇，这种情况下将公民海外安全保护的希望寄托于驻在国是不现实的。这种情况下，公民的海外安全保护就只能依赖于派出国，而派出国受国际法规范的制约以及与驻在国外交关系等多种因素的影响，对于公民海外安全的保护在行政权与司法权上受到限制，有时难以对公民海外安全进行有效保护。因此，如果有保护公民海外安全的国际合作组织，便可以跳脱这些困境，无论其国籍均给予平等的保护，这亦契合了国际法上保护人权原则的要求。

第三节　社会参与机制

在世界范围内，部分地区如非洲、西亚、中东等安全局势十分严峻，公民海外安全威胁频发。在这种情况下，构造一个完整的海外安保体系，保护海外企业和公民的安全，已经成为中国政府迫切需要解决的问题。关于海外安保体系，在国家的引导下可以引进市场资金，设立专业的安保企业。在“一带一路”的倡议下，中国企业和公民“走出去”的规模日益扩大，中国应当立足于实际情况，以政府力量为支撑骨架,以市场机制来充实血肉,以海外华人社群网络建设联通神经的点、线、面的结合。①

一、中国公民、企业与海外安保公司和警务保护模式创新

截至2017年,近20家开展海外业务的中国安保企业共设立了50多家境外机构和办事处,覆盖近60余个国家和地区。2013~2017年,中国民营安保公司承担海外安保项目250多个,共派驻1万多人次执行海外任务,为中资企业培训人员达40余万人次。据外国媒体报道,仅2011年成立的德威安保公司一家员工就遍布30余个国家,近8000人。但与“一带一路”建设持续快速推进相比,中国保安服务业参与公民海外安全保护的步伐仍存在滞后的问题。从经营管理的国际化水平来看,相较肇始于20世纪60年代的国际安保企业,国内保安企业在公司治理结构、经营理念、管理模式、队伍建设等方面的发展很不均衡,行业整体的市场化、专业化和职业化程度还有待进一步提升。在提供服务的专业化程度方面,海外安保服务和产品形式存在同质化现象,在安全风险评估、情报信息研判与预警、紧急救援等高端业务的提供上显得不足。② 因此笔者针对以上情形,提出以下模式创新的建议。

(一)建立海内外警侨联动模式

江苏省南通市公安机关为切实增强“一带一路”服务能力,开创性地建设了全国首家“海内外警侨联动服务中心”,主动参与全球安全治理和海外安全保护。2016年2月,全国首家警侨联动服务中心(南通市海内外警侨联动服务中心)在南通市公安局成立并运行。该中心创造性地以公安机关为纽带,联通境外企业、海外商会、海外中国公民,实现海外企业和公民与政府、公安机关信息的及时通信,将公安机关保护海外企业、公民安全的职能触角延伸至海外。2017年,由外交部、公安部、国家安全

① 储殷:《海外安保已成中国企业走出去的必需品》,载中国安全防范产品行业协会网,http://news.21csp.com.cn/c28/201603/11347287.html。

② 参见裴岩、王文柱:《“一带一路”倡议下中国保安服务业开展海外利益保护的思路与路径》,载《中国人民公安大学学报(社会科学版)》2020年第2期。

部、国家发展改革委、商务部五部委组成的中央“一带一路”境外安全保障协调组在南京召开境外安保工作调研会，协调组率队领导时任外交部海外安全事务司司长刘光源对南通公安创建的警侨联动新模式这样评价：“南通开拓创新、先行先试，‘海内外警侨联动服务中心’做法很好，类似于改革开放初期安徽小岗村创出的经验，要大力宣传，在全国推广。”①

国际警务合作能成为公民海外安全保护的有益补充。南通市海内外警侨联动服务中心的成功之处在于充分发挥警察机关的国际警务合作职能，充分发挥境外侨商会深耕当地多年人脉资源和政治资源深厚的特点，以境外侨商会为桥梁，使公安机关和境外企业、公民所在国的警察机关共同建立顺畅、高效的警务联络和合作机制。南通市公安局造访罗马尼亚都伯伊斯提市、南非约翰内斯堡等境外企业和公民规模较大的城市的警察机构，并在侨商会的推动作用下达成警务合作协议。南通市公安局还通过安哥拉警察机关实现警务合作热线建设协议，积极构建海外执法安全国际合作体系。南通市公安局依托警侨联动服务中心进行跨国国际警务合作多次，在与外国警察机关的配合下侦破国外侵害江苏南通籍贯人员安全案件20余起，保障了南通市海外企业、公民的安全。南通市海内外警侨联动服务中心作为全省公安机关的创新项目被外交部、公安部肯定并向全国进行推广。②

（二）加大本国警务力量的域外辐射

2016年5月，为加大中国公民海外安全的保护力度，经中国和意大利警务合作主管机构协商，共同执行为期两周的中意警务联合巡逻计划，我国公安机关派出的多名人民警察在境外处置涉及中国公民的事务。这是中国警察机关第一次

---

① 孙波：《通商达天下　侨心联四海　南通警侨联动打造“海外安全工程”新模式》，载《华人时刊》2017年第12期。

② 参见陶勇、周菊兰：《“一带一路”背景下我国海外权益保护模式的创新》，载《江苏警官学院学报》2018年第6期。

通过联合巡逻执法的方式和欧洲进行国际警务合作。①

“一带一路”倡议全面实施以来,徐工集团积极倡导“一带一路”倡议,加大对相关沿线国家基础建设项目投资,全面推进在伊朗、菲律宾等国的巨额路桥施工项目,并按规划在印度、乌兹别克斯坦等国建设制造基地。但是,由于企业安保人员专业性不强、安全情报信息来源渠道单一、缺乏高效的应急反应机制,在外部安全上,主要依托当地军警等执法机构,或者由项目方提供安全保障,与当地政府和警察机构存在沟通不畅、不及时等短板;在应对安全威胁的“软实力”上,不能和美国或者欧洲的企业匹敌;②国际上,在地区冲突加剧、国家政局动荡、恐怖组织和极端分子活动猖獗的大背景下,徐工集团海外机构面临的风险和威胁在不断加大。仅2016年一年,该集团驻外人员就遭遇盗抢、勒索、动乱等突发事件近40起,虽未造成人员伤亡,但一定程度上影响了正常生产和经营。江苏省徐州市公安局高度重视国际警务合作对境外企业、公民的保护工作,徐州市公安局以徐工巴西制造公司为尝试,试点徐州市企业海外安全保护的途径和模式,探索海外安全保护工作机制。

二、充分发挥海外华侨华人优势

海外华侨华人是构建人类命运共同体的重要载体,强大祖籍国是海外华人的保障和坚实后盾,海外华侨华人与祖籍国人民福祸相依、荣辱与共。

(一)海外华侨华人发展的历史趋势

我国海外华侨华人的历史悠久。随着资本主义世界市场的开辟和黑奴贸易制度的废除,清朝末年在半殖民地半封建社会的中国出现了向东南亚、美洲、澳洲等地的移民热潮,这也就是早期所谓的“华工出洋”。但是,我国绝大多数华侨是

① 参见《中国首次与欧洲开展警务合作:中国警察在意大利米兰街头巡逻》,载澎湃新闻网2016年5月20日,https://www.thepaper.cn/newsDetail_forward_1471886。

② 参见王发龙:《中国海外利益维护的现实困境与战略选择——基于分析折中主义的考察》,载《国际论坛》2014年第6期。

在鸦片战争以后形成的。早期移民海外的华侨华人，主要从事洗衣、餐饮服务、建筑等低收入行业，长期生活在国外社会的底层。由于他们难以融入当地主流社会，往往会形成相对封闭的华人社区。但是，无论是在辛亥革命中，还是在中国人民反帝反封建的人民民主革命中，海外华侨华人都为祖国革命的胜利作出了巨大贡献。改革开放以来，随着中国经济实力增强，通过留学、经商、家庭团聚等方式移居海外者人数大幅度提高，并且分布范围非常广泛。①

（二）华侨华人的特点

随着海外华侨华人自身的文化素养不断提高，经济实力逐步增强，社会地位也有了明显提高，在侨居地的认可度更是越来越高，为其顺利融入侨居国的主流社会打下了基础，知识型、精英型成为海外华侨华人的新特点。有的华侨华人在侨居国已经当选为政府官员，成为商业名人、学术界知名人士等，他们对推动中国与世界合作具有重要作用。同时，新一代华侨华人逐步成熟，并在社会舞台上开始发挥作用。② 在公民海外安全保护方面，华侨华人具有特别的优势，一方面，华侨华人熟悉当地风土人情，拥有一定的资本资源；另一方面，华侨华人信息传递相较于领事保护机关而言更加及时，华侨之间联络紧密。

（三）充分发挥华侨华人的优势

华侨华人在很多情况下能够成为中国海外领事保护的补充力量。例如，中国公民在海外被捕时，华侨侨社可以在调查、举证、听证等司法程序上弥补领事保护机关司法权受限制的缺位，更好地维护公民海外安全。此外，国内外侨联可迅速联系到当地的华人商会，商会通过与大使馆联系向搜救队、医疗队提供协助。因为在救援过程中，后勤保障及相关信息、人脉资源不可能像联合国人道主义事务协调厅（United Nations Office for the Coordination of Humanitarian Affair，OCHA）那

① 参见朱旭旭：《新时期加强海外华人华侨统战工作探析》，载《特区实践与理论》2016 年第 3 期。

② 参见朱旭旭：《新时期加强海外华人华侨统战工作探析》，载《特区实践与理论》2016 年第 3 期。

样能够自给自足,搜救队伍需求的满足需要发挥当地华侨华人后勤保障的作用。

三、社会组织参与

社会组织参与领事保护主要体现在三个方面。一是商会逐渐将为会员单位提供安保服务纳入职责范围,为企业成员搭建紧急救助平台。商会邀请安保公司加盟,引进航空包机和医疗救援公司,并联系中资保险公司提供保险救济服务。设立“境外安全管理服务平台”,向会员企业提供信息共享、风险预警与评估、安保安防、培训演练、保险保障、医疗救援、远程通信和应急管理系统等服务,帮助企业应对管控境外经营面临的风险。二是民间救援组织参与海外紧急救助。2008 年汶川地震后,第一批民间救援组织成立。到 2018 年,全国民间救援组织已达数千家,并且从国内走向国外。在 2015 年尼泊尔地震和 2018 年普吉岛沉船事件中,民间救援组织都积极参与救助受灾同胞。三是设立海外华人同业协会和民间救援基金。2014 年,在中国使馆的支持下,欧洲华人旅游业联合总会在巴黎成立。该联合会由来自欧洲 16 个国家的百余家华人旅行社组成,是欧洲华人旅游界以旅行社为主体的最大的行业组织,主要任务是协调欧洲华人旅游产业链,维护中国赴欧游客的安全。2016 年,该协会成立了中国公民旅欧应急救援基金,为在旅欧过程中的中国公民提供应急救援服务。

第四节　公民自我保护机制

公民作为一个独立的个体,具有公民海外安全保护机制的主体和受保护对象双重角色,其自我防范意识的高低与抵御海外风险的能力相挂钩。在公民海外安全保护的所有机制运行过程中,政府与公民之间实际上缺乏有效的沟通交流机制,这就容易导致在风险来临前政府无法追踪公民近况,进而无法提供有效的建议和指导。在风险来临后,公民与政府沟通不及时,就会导致人身安全和经济安全损失。国家公民海外安全保护不只是国家以及社会的责任,除要发挥前述的国家、国际组织、社会的积极作用外,公民的自我保护也是极其重要的。因此,需要加强公民对“安全”本身的认知和判断,即公民需要知道什么样是安全的,怎么样才会安全。虽然全球化使各国之间的联系更加紧密,但一旦发生危险时,所有的救援都会存在时间差,这种滞后性往往会带来严重的后果,公民只有对安全有正确的认识,才能通过发挥自己的主观能动性避免一些不必要的安全风险。

一、公民自我保护机制需加强的方面

(一)中国公民的法律意识有待加强

在对外经济交往的过程中,中国公民合法的人身和财产安全遭受侵害的事件频发。我国部分公民在出国之前并没有认真地了解和学习当地的法律法规,由此引发了各种各样的问题,同时增加了使领馆工作人员的工作难度。此外,一些在国外投资的我国投资者个人由于法律意识淡薄,不了解当地的法律法规,在面对当地工作人员的管理时,不按照所在国家的法律法规去处理问题,而是按照派出国的法律传统与风俗习惯去解决问题,从而加大了华侨华人融入当地社会的难度。

(二)中国公民的法律风险防范意识有待加强

在对外经济交往的过程中,中国公民对于保护自身人身和财产安全的法律风险防范意识不够,安全意识较淡薄,对于在国外的发展风险没能充分进行预先了解与认识,以致未能预见与防范有关风险的发生。尤其是一些准备在国外投资的缺乏法律风险防范意识的中资企业投资者,由于事先既没有对投资地区的政治形势、民风民俗、治安情况和法律法规等问题进行全方位了解与认识,也没有对其投资方案的安全可行性进行综合的法律分析,以致当有关风险发生时,我国驻当地的海外投资企业不能及时、有效地运用法律武器维护自己的合法权益。

(三)中国公民的自救能力有待加强

在对外经济交往的过程中,当中国公民遇到困难与麻烦时大多第一反应都会寻求领事部门的帮助。然而,随着近年来由我国走出国门的海外居民与企业激增引起的领事保护案件的增加,领事部门的能力相对而言有限,很多情况下单纯地等待国家或者社会力量的援助是不能及时有效地预防和控制危险或者防止损失进一步扩大的,这就需要公民个人具有一定的自救能力,在发生危险时能够迅速准确地作出判断并灵活应对,有效地降低风险系数,在减少自身损失的同时可以帮助他人。

二、公民自我保护机制的完善

(一)思想上引起重视

中国公民的海外安全意识亟待加强。尽管当前中国领事保护机制已经建设得相对成熟,公民可以通过网络、报纸等渠道获取海外安全信息,但是这其中仍然存在不少问题,相关安全信息的内容还不够丰富,传播的渠道还有待进一步拓宽。政府虽然会向公众发布安全信息,但如果没有引起公民个人重视,公民在对待个人安全问题上就会疏忽大意,遇到风险时就会措手不及,甚至发生难以挽回的后果。

(二)做好应对风险的准备工作

公民在出境之前应做好一系列的安全准备工作:

首先,要及时、多渠道地通过外交部领事服务网站、商务部网站、旅游局网站等官方网站获取目的地的安全信息,对于正在发生动乱的国家或地区应尽可能地避免前往,还要谨慎前往一些存有巨大安全隐患的国家或地区,例如,恐怖主义猖獗的国家和地区,人身安全指数极低,极有可能引发生命危险的,应当避免前往。

其次,公民要提前了解目的国或地区的法律规定,例如,最近几年入境受阻事件成为领事案件的高发类型,为了避免在入境时遇到不必要的麻烦,公民需要提前了解目的国或地区的有关规章制度。

再次,公民在出境之前还要充分了解当地的文化和风俗人情,入境后才能预防相关风险的发生，更好更快地融入驻在国当地社会。

最后，公民出境前应接受相关的安全教育培训，例如，可以在国内接受一些自然灾害逃生、智斗犯罪分子等方面的能力培训。出国的各类人群也应根据自身的情况进行规划。比如，出国留学的公民在选择学校时，要尽量选择办学资质好、安全系数高以及当地治安良好的学校，并按照当地或者学校的规定及时缴纳保险；出国务工的公民在前往高危国家之前务必要购买商业保险，这样在事故发生后能够弥补自己的一部分损失。

(三)提高中国公民与企业的法律意识和法律风险防范意识

在对外经济交往的过程中，一方面，对我国有关公民与企业而言，其自身要积极主动地去了解所在国家的最新情况和有关的法律法规，时刻留意各国的中国使领馆发布的有关信息，遵守驻在国的法律法规，且最大限度地增加自身的法律风险防范意识，进而当其合法正当的人身和财产安全遭受侵害时，能够及时有效地通过正规与合法的途径寻求救济。

另一方面，对我国有关领事保护机构而言，让我国公民与企业学习驻在国的法律法规尤为重要，这可以在很大程度上避免其在日常生活与正常营业中可能遭遇到的不必要的麻烦和侵害。我国的相关部门要加强培养中国公民良好的守法意识与维权意识，要重视教育中国公民养成良好的自我保护的法律意识。外交部作为境外中国公民和机构安全保护工作部际联席会议机制的牵头单位，与机制成员单位密切配合，积极发挥中央、地方、驻外使领馆、企业和公民个人“五位一体”的境外安保工作联动网络的作用，开展了大量形式多样的预防性领保工作，取得了积极效果。指导地方开展系列预防性领保宣传活动，各省、自治区、直辖市开展大量培训和预防性领保宣传活动，旨在加强领保工作人员的专业性，提升工作能力，并让更多的中国公民掌握领保常识，最大限度地防范安全事故的发生。自2012年后，这方面的工作力度明显加强，北京、天津、重庆、辽宁、吉林、江苏、浙江、安徽、福建、江西、山东、河南、湖南、广东、广西、四川、贵州、云南、陕西、青海、宁夏等地开展了各种形式的领保培训、宣传活动，如有关领事保护宣传周、宣传月、宣传年系列活动,具体内容包括领事保护图片展、“海外安全行”知识竞赛、建立地方领事的信息保护平台与地方外事的微信公众号、举办专题讲座与培训等,以这些活动助力领事保护知识进机关、进企业、进校园、进社区、进侨乡。①

(四)增强中国公民与企业的自救能力

一方面,对于海外中国公民来说,要面对更为复杂的生活、学习和工作环境,就更应该要提高安全意识和自救能力。第一,就公民个人而言,例如,为防范有关紧急突发事件,公民到达国外可及时去派出国的中国领事馆登记相关信息,当一些紧急性危险事件发生的时候,以方便使领馆工作人员利用所登记的信息进行联系并及时提供相应的帮助。第二,海外侨胞可以联合起来共同应对风险。海外侨胞根据驻在国的法律政策,建立了大量的侨社、侨团组织。早期移居国外的华侨为了联谊团结互助、谋求生存发展,以血缘、地缘、业缘为基础建立起一批自治社团组织。这类社团于19世纪中叶开始成立且数量逐渐增多。随着中国改革开放进程的推进,大批中国新移民前往世界各地,一批华人科技社团、专业人士社团、校友社团、文化文艺社团、周末中文学校、各类服务性社团开始随之建立并快速发展。进入21世纪后,随着经济全球化的发展,各国华人社团间联络交往日趋增加,逐步形成了数十个世界性的华人社团组织。各类华侨华人社团在促进华侨华人社会团结互助、沟通与居住国政府及各界关系、维护华侨华人安全、提升华侨华人地位与影响、传播中华传统文化、促进居住国与祖(籍)国政府和人民友谊合作等方面发挥了重要作用。② 通过侨胞之间的信息交流与共同合作,集个人之力量而增加我国海外公民的自救能力。

另一方面,就有关海外企业而言,其在寻求领事保护机构的保护以外,还可以借助多方社会力量提升其自救能力,如安保公司和商会。第一,从借助安保公司

---

① 参见邱学军编著:《新中国海外领事保护工作理论与实践》,世界知识出版社2020年版,第98~105页。

② 参见邱学军编著:《新中国海外领事保护工作理论与实践》,世界知识出版社2020年版,第138页。

的力量层面，自20世纪80年代起，欧美一些国家便开始将安保工作外包给民营安保公司。进入21世纪后，国际民营安保市场持续快速发展，各国购买民营安保服务来维护海外利益已成为常态。① 第二，就通过商会的保护而言，商会为会员单位提供安保服务，向会员企业提供信息共享、风险预警与评估、安保安防、培训演练、保险保障、医疗救援、远程通信和应急管理系统等服务，帮助企业应对管控境外经营面临的风险。②

---

① 参见余万里、蒋千璐：《全球安保行业的发展状况与业态特征》，载《公共外交季刊》2019年第2期。

② 参见夏莉萍：《中国领事保护新发展与中国特色大国外交》，载《外交评论（外交学院学报）》2020年第4期。

余　论

党的二十大报告指出,“推进国家安全体系和能力现代化,坚决维护国家安全和社会稳定”“要坚持以人民安全为宗旨”。当前,面对百年未有之大变局,在习近平新时代中国特色社会主义思想尤其是在习近平法治思想的指导下,坚持人类命运共同体理念,探索建构中国公民海外安全的国际法治保障理论与规则体系,就需要做好以下几个方面:

第一,从公民海外安全权益保护的渊源和内涵、国际合法性、现状等方面展开研究与实践。

首先,要探讨如何进行公民海外安全权益保护,就有必要对公民海外安全权益保护的渊源进行梳理。其次,必须正确认识公民海外安全权益的内涵。我国政府及学者在对公民海外安全权益这一概念的认识上发生了一定改变,即从利益到权益的转变。所谓公民海外安全权益是指一国国内的公民和企业在参与国际活动过程中,在本土范围以外所应当具有的合法人身安全权益和财产安全权益,具有法权性和交叉重叠性的特点。最后,作为国家利益的重要组成部分,加强对公民海外安全权益的保护具有国际法上的合法性。对于公民海外安全权益保护而言,探讨其国际法上的合法性既要注重其国际法上的正当性,同时也不能忽略其国际法上的合规性。公民海外安全权益保护的产生及手段符合国际社会普遍意义上的正义观念,具有国际法上的正当性。其又有相应的国际法规范的指引,因此具有国际法上的合规性。

全球化与区域化浪潮下,各国几乎均面临海外权益保护问题。总体上,海外安全权益保护机制是由国家统筹,以具体政策法规为依托,由多种渠道落实的保护网。中国在保护公民海外安全方面做了诸多卓有成效的努力,在不少重大安全事件中作出了及时有效的应对,既有效保护了我国公民海外安全权益,维护了我国的国家利益;又彰显了中国风范,体现了大国担当,很好地树立了我国在维护国际社会安全领域的地位。中国已初步建立了较完善的领事保护体制,并在许多撤侨行动中有效保护了我国公民的海外安全权益,但目前,中国的领事保护机制仍然有诸多方面有待加强,比如,领事保护中领事人员缺乏,供需不平衡的矛盾突出,多元力量参与不足等。

第二,从中国人本法律思想理论、“一带一路”倡议及“人类命运共同体”建构理念等方面展开研究与实践。

中国人本法律思想理论讲究人本法律观、保障人权、展示人性、弘扬人道,人本法律观的首要理念在于必须将人的人格尊严置于高于一切的位置。人是法律的永恒主题,也永远是法律的主体。法律中的人权保障是现代法治国家法律的灵魂与精髓,也是人本法律区别于非人本法律的重要标志之一。人道主义是指人类社会或者每个人都要尊重或保护人的生命,这是一个关于整体如何对待个体生命的原则,它反映的是人和人类对待个体生命的态度、需要及其特征和水平。人道主义是现代法律的实质内容之一,也是衡量现代法律的重要标准之一,更是区分人本法律与非人本法律的关键标志之一,而法律是人道主义的重要载体之一,也是人道主义发展的有力保障。

“一带一路”倡议及“人类命运共同体”建构理念中,人类命运共同体旨在追求本国利益时兼顾他国合理关切,在谋求本国发展中促进各国共同发展。“一带一路”倡议既是中国走向世界的重要一步,也是关键一步,是新形势下中国参与全球治理的具体实践,更是中国带动“一带一路”周边国家实现协同发展的重要方式。“一带一路”建设发展,倡导周边各国在日益紧密的经济联系中不断开展交流合作,引导和鼓励沿线国家积极应对经济治理领域中的挑战和问题,共同为全球经济治理建言献策,在全球治理的实践中共同推进人类命运共同体建构。随着“一带一路”倡议和人类命运共同体理念的深入推进,如何在寻求合作的同时保障公民海外合法权益,以避免引起不同国家之间的摩擦,在和平中求发展是我国近年来关注的重点问题之一。2017 年 5 月 15 日,习近平主席在“一带一路”国际合作高峰论坛圆桌峰会上指出,在“一带一路”建设国际合作框架内,各方秉持共商、共建、共享原则,携手应对世界经济面临的挑战,开创发展新机遇,谋求发展新动力,拓展发展新空间,实现优势互补、互利共赢,不断朝着人类命运共同体方向迈进。[①]其具体实践主要包括坚定奉行独立自主的和平外交政策,积极发展全球伙伴关系,坚持对外开放的基本国策,秉承共商共建共享的全球治理观,加强文化交流,实现民意相通。“一带一路”沿线不同国家的政治、法律和文化背景,不稳定的政治局势,都会对中国公民、企业正常商贸往来产生极大影响。在这种背景下,对公民海外权益的保护应从沿线国家的特征出发,从预警到应急体制都要与国家、社会主体等联动防控。

第三,从外交保护机制的概念界定、发展概况、理论基础、实施条件、当代部分国家外交保护的实践以及外交保护机制的考察、中国外交保护机制运行的概况和现状等方面展开研究与实践。

关于外交保护的概念,国内外的学术界至今没有一个统一的说法。外交保护是指一国因另一国的国家不法行为对本国自然人或法人造成损害,在用尽当地的救济途径后,通过外交行动或其他和平解决手段援引另一国的责任,以期许该国责任得到履行。

---

① 参见习近平:《开辟合作新起点 谋求发展新动力——在“一带一路”国际合作高峰论坛圆桌峰会上的开幕辞》,载人民网 2017 年 5 月 16 日,http://jhsjk.people.cn/article/29277193。

外交保护的理论基础主要包括国家主权、属人管辖、国家义务、国家责任、和平解决争端、人权保护等。目前,有关外交保护制度的立法和判例仍然局限于为数不多的国内实践。一些有影响力的大国国内法中还没有出现专门处理类似案件的司法判例,例如,中国、俄罗斯和美国,前面的章节已经对美国、英国、日本和印度的外交保护做法进行了简要阐述。国际外交保护机制适用存在一定的滞后性,属于一种事后的救济措施,而非事前权益的保护性规定,需进行革新,而外交保护机制革新的可能性,关键在于在保护力度和他国主权之间寻求一个平衡点,即在加强外交保护力度的同时尊重他国主权。当下外交保护机制革新可以从调整国家介入的时间和方式入手,因为毕竟行使外交保护的前提是国家具有不法行为,受害公民以个人去对抗他国国家行为困难重重,但如果国家提前介入,以受侵害者代理的身份介入受侵害者寻求当地救济的过程中,将能够对被侵害人的权益实行更有效的保护。

在新中国成立之前,中国的外交保护制度仍处于初步发展阶段,新中国成立之后,特别是1978年中国开始全面实行改革开放政策,中国加快了政策调整,外交保护逐步完善,“五位一体”的海外安全应急保护机制已经在实践中发挥了重要的作用,但该机制在运行过程中所积累的经验和暴露出的问题,仍然需要我们进一步总结和分析。例如,外交保护尚未引起理论界、实务界的重视,尚无完备的国内立法,欠缺外交保护的法律实践,执行上亦存在诸多困难等。

第四,从国际领事保护机制的概念界定、领事保护的历史、领事保护的理论基础、当代国际领事保护的现状、国际领事保护机制存在的问题及完善、中国领事保护机制的发展与现状等方面展开研究与实践。

在国际法律层面,对于领事保护的阐述大多以列举其职务的方式陈述,并未对其概念进行解释。我国尚未有相关的立法对其进行明确解释,但领事保护一般是指当一国公民在他国已经遭受损害或者遭受严重损害威胁时,有关领事保护的机构和人员应当根据国际法原则、国际公约、双边条约等规定的内容,在合法合理的范围内与主管当局进行交涉,或者采取其他措施以保护本国公民的合法权益的行为,且并不包括办理证件、进行登记等公民的利益未受到损害或损害威胁的情况作出的领事行为。

领事保护的理论基础主要包括属人管辖、外国人待遇原则、国际人权法等，当代国际领事保护主要包括全球性的国际公约和区域性领事公约。当今世界领事保护的代表性国家有美国、英国、日本等，他们具有深厚的理论研究与丰富的实践经验。但目前国际领事保护机制存在一定的滞后性，需要与时俱进进行相应的革新。领事保护制度以尊重国家主权为指引，所以相对于驻在国的属地管辖权，派出国的属人管辖权仅有有限的辅助性和程序性权利。领事保护对属地、属人权利优次、主从关系的机械设置，使其对海外权益保护的局限性逐渐有所体现。因为国际领事保护的双边条约签订不足，缺乏专门规范的指引，国家间也缺乏有效合作和领事保护法定救济途径，所以可以合法有效性原则与公平原则为基础，逐步完善领事保护的国际法渊源。

中国公民海外权益领事保护制度是在不断探索的过程中向前发展的。从新中国成立初期到现阶段，我国领事保护制度不断发展成熟。目前，我国的立法更加完善，相关国内配套机构也更趋向于精细化和可操作性；领事协议、领事条约的签署进一步推进了驻外领事机构持续建立和完善；领事保护手段多样化，开始注重预防性领事保护——领事保护预防机制要求外交部在商务部、公安部等其他部门的配合下，通过发布旅行预警信息，加强对出国人员的宣传教育，普及国际旅行知识，强化派出机构安全防范工作等手段，以减少或尽可能避免危及中国公民海外人身和财产安全案件的发生。一个由外交部、商务部、公安部、国资委等中央国家机关、各级地方政府、企业和侨团等多元参与的应急协调机制应运而生。在我国现有法律框架内，中央、地方、驻外使领馆、企业和个人“五位一体”的公民海外安全保护联动应急机制已基本建立。但我国领事保护制度仍然需进一步完善，比如，针对领事保护的立法层级较低且可操作性不强，保护对象仍不广泛，领事保护机制待进一步健全，人力、资金等的配备和投入需加强，应对非传统安全问题的能力需加强，领事保护的多元参与需加强等。

第五，从加强外交保护的理论研究与在理论研究指导下逐步完善外交保护立法以及完善海外公民领事保护立法和制度建设、提升海外公民领事保护能力、加强与其他国家和地区的合作、完善预防和应急机制等方面展开研究与实践。

我国外交保护立法可以加强外交保护理论研究，形成新时代外交保护的理论，可以在外交保护的定义、外交保护的性质、外交保护的范围、外交保护的行使条件等方面加强研究。

领事保护作为另一重要的保护手段，应逐步完善立法统一标准并考虑缔结条约，修正《维也纳领事关系公约》的名称和序言，并专辟“领事保护”一章，拟定中外双边领事条约（协定）文本模式并点面结合地拓宽其覆盖面，将中国公民海外安全保护提升至宪法层面，并制定统一规范的单行法。要界定海外中国公民领事保护的内涵，可对领事保护作概括式界定与列举式规定，要增强条文的明确性和可操作性，建立保护不力问责制度，推动领事保护常态化、系统化，进一步提升领事保护的立法等级，建立监督合作领事保护途径，将领事保护精细化。关于保护对象的合理扩展，我国应当审时度势，区别对待，可以先展开区域试点，以东南亚为例，对东南亚某些国家以双边条约的形式来明确承认双重国籍的条件。例如，针对参与当地政治的条件和参与方式与当地进行积极协商，减少因双重国籍引发的冲突。逐步提升海外公民领事保护能力，通过增加必要的人员和资金配备，推进新技术的运用，鼓励领事保护的主体多元参与，支持海外私营安保市场的发展，培养公民的自我保护能力。

此外，还要加强与其他国家和地区的合作，加强与国际接轨，通过国际力量实行领事保护，发挥国际组织的优势，与政府的领事保护作用相互补充，达到保护中国海外公民的目的。继续加强与其他国家的联系与交往，在以往合作的基础上，中国应积极探索与国际组织在领事保护方面的合作形式，就相关议题进行定期的合作和交流，对可能出现的领事保护案件及时地交换信息，将中国特色的理念与他国进行交流，制定应急预案，分工协作，从而达到最大的救援效果。

无论是外交保护还是领事保护的机制创新都要向预防机制和应急机制倾斜。当前的外交保护和领事保护体系虽开始注重“预防性保护”，但体制机制仍以“应急”为核心，所以必须将领事保护的重点“退回到”预防阶段。在促进应急机制的完善中，预防机制的建设要加强，做到“以预防为主、预防与处置并重”，扩大外交保护和领事保护预警机制的发布渠道和获得渠道。

第六,就中国公民海外安全现行保护机制的国际法完善而言,从条约保护机制的适用、发挥国际组织的能动作用。社会参与机制、公民自我保护机制等方面展开研究与实践。

关于条约保护机制的适用,首先,从条约保护机制的概念入手,指出条约保护机制的基础是国际条约,即通过缔结双边或多边条约,在缔约国之间约定对于处于其领土范围内的他国公民的安全保护条款,以此达成保护公民海外安全目的的机制。这种保护机制建立在国际条约的基础上,能够充分发挥国际条约的自身优势,使其对公民海外安全保护的力度和效率相较于其他机制都更胜一筹,并由此分析出条约保护机制相较于其他机制的优势之处。其次,从我国条约保护机制的现状出发,阐述了我国条约保护机制虽然已经初具规模,但还是存在许多空白与不足之处,即缔结国际条约的数量依然不足、条约内容不够完善、条约规定的保护手段不够具体有效。最后,结合我国条约保护机制的不足之处,从国际条约和条约保护机制的运行机制方面(如积极加入国际公约、尽快签订双边条约、努力完善条约的覆盖范围、革新条约保护机制的运行模式等)提出改进条约保护机制的建议。

当前,公民海外安全保护的完善不是仅仅依靠某一机构即可单独实施,需要国内组织、政府间国际组织以及非政府间国际组织的相互配合与协调,因此不能忽视国际组织的能动作用。一是要强调发挥国际组织政治上的协调作用、经济与社会发展上的促进作用以及司法上的保障作用;二是要强调重视非政府间国际组织在促进国际条约缔结和解释方面的作用、在监督国家遵守国际规则方面的作用以及作为海外利益相关方的沟通渠道作用;三是要强调探索建立保护公民海外安全的国际组织的必要性以及重要性。社会参与机制已经成为领事保护机制中较为活跃且重要的保护手段,充分调动各类社会组织、非官方组织的力量不仅能够获取更全面、优质的信息,还能提高非社会组织在社会事务中参与的积极性。非官方组织包括三类主体,可以从三方面加大非官方组织的参与,即海外安全警务合作的扩大保护,充分发挥海外华侨华人优势地位,融入海外各类社会组织或国际组织的参与合作。各类主体充分发挥自己的力量并进行合作,构建起政府—社会—个人的立体保护框架。

公民作为一个独立的个体,具有公民海外安全保护机制的主体和受保护对象的双重属性。由于在有关风险来临时,任何救援都会存在时间差,需要对公民进行有效的自我保护教育,使其思想上重视,不断提高其法律意识和法律风险防范意识、增强自救能力,做好应对风险的准备工作。

主要参考文献

一、中文文献

（一）专著

1. 习近平：《高举中国特色社会主义伟大旗帜 为全面建设社会主义现代化国家而团结奋斗：在中国共产党第二十次全国代表大会上的报告》，人民出版社 2022 年版。

2. 习近平：《决胜全面建成小康社会夺取新时代中国特色社会主义伟大胜利：在中国共产党第十九次全国代表大会上的报告（2017 年 10 月 18 日）》，人民出版社 2017 年版。

3.《习近平谈治国理政》（第 3 卷），外文出版社 2020 年版。

4.《习近平法治思想概论》编写组：《习近平法治思想概论》，高等教育出版社 2021 年版。

5. 中共中央宣传部编：《习近平新时代中国特色社会主义思想三十讲》，学习出版社 2018 年版。

6. 中共中央马克思恩格斯列宁斯大林著作编译局译:《马克思恩格斯全集》(第42卷),人民出版社1979年版。

7. [英]阿库斯特:《现代国际法概论》,汪瑄等译,中国社会科学出版社1981年版。

8. [奥]阿·菲德罗斯等:《国际法》(下册),李浩培译,商务印书馆1981年版。

9. 周鲠生:《国际法》(上册),商务印书馆1976年版。

10. 王铁崖、田如萱编:《国际法资料选编》,法律出版社1982年版。

11. [印度]B. 森:《外交人员国际法与实践指南》,周晓林等译,中国对外翻译出版公司1987年版。

12. [苏]童金主:《国际法》,邵天任等译,法律出版社1988年版。

13. [美]约翰·罗尔斯:《正义论》,何怀宏等译,中国社会科学出版社1988年版。

14. 丘日庆主编:《领事法论》,上海社会科学院出版社1996年版。

15. 王铁崖主编:《中华法学大辞典——国际法学卷》,中国检察出版社1996年版。

16. [韩]柳炳华:《国际法》(下卷),朴国哲、林永姬译,中国政法大学出版社1997年版。

17. [英]詹宁斯、[英]瓦茨修订:《奥本海国际法》(第1卷)(第2分册),王铁崖等译,中国大百科全书出版社1998年版。

18. 梁淑英:《论外交保护的条件》,中国政法大学出版社1999年版。

19. 饶戈平主编:《国际法》,北京大学出版社1999年版。

20. 李志永:《"走出去"与中国海外利益保护机制研究》,世界知识出版社2015年版。

21. 余民才主编,马呈元等撰稿:《国际法专论》,中信出版社2003年版。

22. 李步云:《法理探索》,湖南人民出版社2003年版。

23. 刘华:《华侨国籍问题与中国国籍立法》,广东人民出版社2004年版。

24. 钱其琛主编:《世界外交大辞典》,世界知识出版社2005年版。

25. 杨泽伟:《主权论——国际法上的主权问题及其发展趋势研究》,北京大学出版社 2006 年版。

26. 高岚君:《国际法的价值论》,武汉大学出版社 2006 年版。

27. 刘国福:《移民法出入境权研究》,中国经济出版社 2006 年版。

28. [英]马尔科姆·N. 肖:《国际法》(第 6 版)(上),白桂梅、高建军等译,北京大学出版社 2011 年版。

29. 张文显主编:《法理学》,高等教育出版社、北京大学出版社 2009 年版。

30. 韩德强:《论人的尊严:法学视角下人的尊严理论的诠释》,法律出版社 2009 年版。

31. 韩大元主编:《外国宪法》(第 3 版),中国人民大学出版社 2009 年版。

32. 殷敏:《外交保护法律制度和中国》,上海人民出版社 2010 年版。

33. 夏莉萍:《领事保护机制改革研究——主要发达国家的视角》,北京出版社 2011 年版。

34. 汪段泳、苏长和主编:《中国海外利益研究年度报告》,上海人民出版社 2011 年版。

35. 陶樾著,曾尔恕勘校:《现代国际法史论》,北京大学出版社 2012 年版。

36. 黎海波:《海外中国公民领事保护问题研究(1978 – 2011)——基于国际法人本化的视角》,暨南大学出版社 2012 年版。

37. 张卫华著,朱勇编:《外交保护法新论》,法律出版社 2012 年版。

38. 张磊:《国家实施外交保护的国籍持续原则研究》,法律出版社 2012 年版。

39. [加]大卫·戴岑豪斯:《合法性与正当性:魏玛时代的施米特、凯尔森与海勒》,刘毅译,商务印书馆 2013 年版。

40. 赵进军主编:《中国外交官与改革开放》,世界知识出版社 2013 年版。

41. 邵津主编:《国际法》,北京大学出版社 2014 年版。

42. 崔秋锁、付秀荣、丁立卿:《马克思人本思想研究》,人民出版社 2014 年版。

43. [美]巴里·E. 卡特、[美]艾伦·S. 韦纳:《国际法》,冯洁菡译,商务印书馆 2015 年版。

44. 王虎华主编:《国际公法学》(第4版),北京大学出版社2015年版。

45. 刘静:《中国海外权益保护——海外风险类别与保护手段》,中国社会科学出版社2016年版。

46. 中国社会科学院语言研究所词典编辑室编:《现代汉语词典》,商务印书馆2016年版。

47. 汪太贤主编:《中国宪法学》,法律出版社2016年版。

48. 李锋:《国际直接投资保护主义研究》,对外经济贸易大学出版社2017年版。

49. 中华人民共和国外交部政策规划司编:《中国外交——2017年版》,世界知识出版社2017年版。

50. 古祖雪:《国际法:作为法律的存在和发展》,厦门大学出版社2018年版。

51. 朱文奇主编:《国际法学原理与案例教程》(第4版),中国人民大学出版社2018年版。

52. 张明、王碧珺等:《中国海外直接投资的利益保护机制研究》,中国社会科学出版社2018年版。

53. 李任远:《国际法中的历史性权利研究》,法律出版社2018年版。

54. 宋杰:《国际法上的司法干涉问题研究》,中国政法大学出版社2018年版。

55. 刘晓蜜、赵虎敬主编:《国际法案例教程》,中国民主法制出版社2019年版。

56. 李永全主编:《“一带一路”建设发展报告(2019)》,社会科学文献出版社2019年版。

57. 中华人民共和国外交部政策规划司主编:《中国外交——2019年版》,世界知识出版社2019年版。

58. [美]诺埃尔·毛雷尔:《帝国陷阱(美国政府如何保护海外商业利益)》,黄欣、石莉译,国际文化出版公司2020年版。

59. [德]巴多·法斯本德、[德]安妮·彼得斯主编:《牛津国际法史手册》,李明倩、刘俊、王伟臣译,上海三联书店2020年版。

(二)期刊

1. 张文显:《法治与国家治理现代化》,载《中国法学》2014 年第 4 期。

2. 李累:《宪法上“人的尊严”》,载《中山大学学报(社会科学版)》2002 年第 6 期。

3. 张翔:《基本权利的受益权功能与国家的给付义务——从基本权利分析框架的革新开始》,载《中国法学》2006 年第 1 期。

4. 李步云:《论人权的本原》,载《政法论坛》2004 年第 2 期。

5. 李龙、龙晟:《论人本法律观的基本理念》,载《社会科学战线》2005 年第 6 期。

6. 李龙、钟会兵:《关于“以人为本”若干问题的商榷》,载《法制与社会发展》2005 年第 5 期。

7. 万霞:《海外中国公民安全问题与国籍国的保护》,载《外交评论(外交学院学报)》2006 年第 6 期。

8. 王利民:《外国人法律地位制度的法理思考》,载《大连理工大学学报(社会科学版)》2006 年第 1 期。

9. 孙世彦:《人权法研究:问题与方法简论》,载《法制与社会发展》2008 年第 2 期。

10. 殷敏:《外交保护与领事保护的比较研究》,载《国际商务研究》2008 年第 4 期。

11. 孔小霞:《论外交保护制度的发展——兼评〈外交保护条款草案〉》,载《河南师范大学学报(哲学社会科学版)》2008 年第 4 期。

12. 王秀梅、吴殿朝:《非传统安全背景下的海外中国公民保护问题初探》,载《广东外语外贸大学学报》2009 年第 5 期。

13. 王秀梅:《国际法人本化趋向下海外中国公民保护的性质演进及进路选择》,载《现代法学》2010 第 4 期。

14. 夏莉萍:《从利比亚事件透析中国领事保护机制建设》,载《西亚非洲》2011

年第9期。

15. 单海玲:《我国境外公民保护机制的新思维》,载《法商研究》2011年第5期。

16. 何志鹏:《在政治与伦理之间:本体维度的国际法》,载《浙江大学学报(人文社会科学版)》2012年第5期。

17. 王涛:《新形势下加强中国领事保护机制的若干思考》,载《理论观察》2012年第5期。

18. 颜梅林:《海外中国公民领事保护的法律依据研究——兼评〈领事工作条例〉(征求意见稿)》,载《华侨华人历史研究》2013年第4期。

19. 杨洋:《中国领事保护中存在的问题及对策》,载《国际政治研究》2013年第2期。

20. 黄立志:《大领事时代——"保护海外公民:中国与欧洲的经验与视角"研讨会侧记》,载《国际政治研究》2013年第2期。

21. 严存生:《"人性恶"是法律、法治的人性基础吗?》,载《河北法学》2014年第3期。

22. 王发龙:《中国海外利益维护的现实困境与战略选择——基于分析折中主义的考察》,载《国际论坛》2014年第6期。

23. 袁新涛:《"一带一路"建设的国家战略分析》,载《理论月刊》2014年第11期。

24. 冯寿波:《论条约解释中的国际法体系之维护》,载《太平洋学报》2015年第2期。

25. 夏莉萍:《党的十八大以来"外交为民"理念与实践的新发展》,载《当代世界》2015年第2期。

26. 卢文刚、黎舒菡:《中美海外公民领事保护比较研究——基于应急管理生命周期理论的视角》,载《社会主义研究》2015年第2期。

27. 汪全胜、张鹏:《法律文本中"定义条款"的设置论析》,载《东方法学》2013年第2期。

28. 郭忠:《论中国传统性善论和法治的兼容性——兼驳“人性恶是法治基础”的观点》,载《比较法研究》2016 年第 2 期。

29. 辛田:《中国海外利益保护私营化初探》,载《国际展望》2016 年第 4 期。

30. 余磬和:《领事保护研究及启示》,载《湖北经济学院学报(人文社会科学版)》2016 年第 11 期。

31. 杨春福:《新时代中国特色人权保障的行动纲领》,载《法治现代化研究》2017 年第 6 期。

32. 汪习根:《习近平法治思想的人权价值》,载《东方法学》2021 年第 1 期。

33. 王涛:《新形势下加强中国领事保护机制的若干思考》,载《理论观察》2012 年第 5 期。

34. 张杰:《“一带一路”与私人安保对中国海外利益的保护——以中亚地区为视角》,载《上海对外经贸大学学报》2017 年第 1 期。

35. 齐延平:《“人的尊严”是〈世界人权宣言〉的基础规范》,载《现代法学》2018 年第 5 期。

36. 张冬利:《从“选贤与能”看儒家民本社会治理秩序的动态平衡》,载《海南大学学报(人文社会科学版)》2018 年第 5 期。

37. 刘波:《“一带一路”安全保障体系构建中的私营安保公司研究》,载《国际安全研究》2018 年第 5 期。

38. 薄振峰:《古希腊早期哲学中的人权基质》,载《人权》2019 年第 1 期。

39. 陶廷昌、王浩斌:《习近平新时代总体国家安全观的内涵旨要及其辩证方法论》,载《北京警察学院学报》2019 年第 5 期。

40. 张可荣、刘奕汝:《中华传统民本思想的时代价值探析》,载《长安大学学报(社会科学版)》2019 年第 5 期。

41. 张艳红:《“一带一路”建设与人类命运共同体关系研究》,载《求知》2019 年第 6 期。

42. 张丹丹、孙德刚:《中国在中东的领事保护:理念、实践与机制创新》,载《西亚非洲》2019 年第 4 期。

43. 周晓光:《论新发展理念的马克思主义“人本观”意蕴》,载《牡丹江师范学院学报(社会科学版)》2020 年第 6 期。

44. 王荣:《以人民为中心的思想对传统民本思想的传承与超越》,载《通化师范学院学报》2020 年第 7 期。

45. 夏莉萍:《中国领事保护新发展与中国特色大国外交》,载《外交评论(外交学院学报)》2020 年第 4 期。

46. 谢海霞:《领事保护制度的新发展》,载《国际法学刊》2020 年第 1 期。

47. 张丹丹、孙德刚:《中国领事保护的整体思想与机制建设:以利比亚撤侨行动为例》,载《国际论坛》2020 年第 3 期。

48. 裴岩、王文柱:《“一带一路”倡议下中国保安服务业开展海外利益保护的思路与路径》,载《中国人民公安大学学报(社会科学版)》2020 年第 2 期。

49. 蒋新苗、刘杨:《“一带一路”海外中国公民权益保护的法治困境破解》,载《西北大学学报(哲学社会科学版)》2021 年第 1 期。

50. 夏莉萍、许志渝:《新冠疫情下的海外中国公民合法权益保护》,载《国际论坛》2021 年第 1 期。

51. 陈奕平、叶上源:《新冠肺炎疫情下中国海外留学生的领事保护机制与效果评估——基于问卷调查与线上访谈》,载《统一战线学研究》2020 年第 5 期。

(三)其他

1.《2022 年美国民主情况》,载外交部官网,http://new. fmprc. gov. cn/wjbxw_new/202303/t20230320_11044478. shtml。

2. 中共中央办公厅、国务院办公厅:《关于加强新时代法学教育和法学理论研究的意见》,载中国政府网,http://www. gov. cn/zhengce/2023 - 02/26/content_5743383. htm? dzb = true。

3. 夏莉萍:《20 世纪 90 年代以来主要发达国家领事保护机制变化研究——兼论对中国的启示》,外交学院 2008 年博士学位论文。

4. 万霞:《外交保护制度研究》,外交学院 2012 年博士学位论文。

5. 郎帅:《中国海外利益维护战略研究》,吉林大学2017年博士学位论文。

二、外文文献

1. Barry E. Carter, *International Law*, Apsen Publisher, 2003, p. 743.

2. Edwin M. Borchard, *The Diplomatic Protection of Citizens Abroad or the Law of International Claims*, New York: Banks Law Publishing Company, 1915, p. 354.

3. See Wilhelm Karl Geck, *Diplomatic Protection*, Encyclopedia of Public International Law, 1992, p. 4.

4. Emmerich De Vattel, *The Law of Nations or the Principlesof Natural Law Appliedto the Conduct and to the Affairs of Nations and Sovereigns*, trans. by C. G. Fenwick, Carnegie Institution, Washington,1916, p. 136.

5. Annemarieke Kunzli, *Exercising Diplomatic Protection—The Fine Line between Litigation*, Demarches and Consular Assistance,ZaoRV 66, 2006, p. 330.

6. Donald R. Shea, *The Calvo Clause*, Minneapolis: University of Minneseta Press, 1955, p. 17 – 19.